Inglés Básico Para Adultos Principiantes

Método Eficaz Para Aprender Inglés Fácil y Práctico Ideal Para Viajar, con Dialogos y Ejercicios con Soluciones

Carlos Rivera

Copyright © 2021

Todos los derechos reservados. Ninguna parte de esta publicación puede ser reproducida, distribuida o transmitida de ninguna forma ni por ningún medio, incluyendo fotocopias, grabaciones u otros métodos electrónicos o mecánicos, sin el permiso previo por escrito del editor, excepto en el caso de breves citas incorporadas en reseñas críticas y algunos otros usos no comerciales permitidos por la ley de derechos de autor.

Tabla de contenido

INTRODUCCIÓN **8**

I PARTE – 2001 FRASES EN INGLÉS **14**

    LIKES AND DISLIKES — GUSTOS Y DISGUSTOS 15

    MOODS — ESTADOS DE ÁNIMO 19

    HEALTH — SALUD 22

    RELATIONS — RELACIONES 30

    ACTIVITIES / HOBBIES / ENTERTAINMENT — ACTIVIDADES / PASATIEMPOS /
ENTRETENIMIENTO 34

    WORK — TRABAJO 39

    PHONE CALLS — LLAMADAS TELEFÓNICAS 51

PART II: DIÁLOGOS **60**

    INTRODUCTION — PRESENTACIÓN 60

        Diálogo 1 .... *60*

        Diálogo 2 .... *63*

    SHOPING — COMPRAS 65

        Diálogo 3 .... *65*

        Diálogo 4 .... *66*

        Diálogo 5 .... *68*

        Diálogo 6 .... *70*

        Diálogo 7 .... *72*

    TRAVELS — VIAJES 74

        Diálogo 8 .... *74*

        Diálogo 9 .... *76*

        Diálogo 10 .... *78*

Diálogo 11 .... *81*

FOOD — COMIDA 83

Diálogo 12 .... *83*

Diálogo 13 .... *86*

BEAUTY — BELLEZA 88

Diálogo 14 .... *88*

Diálogo 15 .... *91*

PHONE CONVERSATIONS — CONVERSACIONES TELEFÓNICAS 93

Diálogo 16 .... *93*

Diálogo 17 .... *95*

Diálogo 18 .... *97*

Diálogo 19 .... *98*

HEALTH — SALUD 100

Diálogo 20 .... *100*

WORK — TRABAJO 102

Diálogo 21 .... *102*

Dialogo 22 .... *106*

Diálogo 23 .... *110*

AIRPORT — AEROPUERTO 113

Diálogo 24 .... *113*

Diálogo 25 .... *116*

Diálogo 26 .... *119*

Diálogo 27 .... *121*

Dialogo 28 .... *123*

Diálogo 29 .... *124*

HAIRDRESSER'S / BARBERSHOP — PELUQUERÍA / BARBERÍA 126

Diálogo 30 .... *126*

Diálogo 31 .... *128*

TRANSPORTATION — TRANSPORTE 130

    Diálogo 32 .... *130*

    Diálogo 33 .... *132*

    Diálogo 34 .... *133*

    Diálogo 35 .... *135*

    Diálogo 36 .... *137*

SCHOOL — ESCUELA 138

    Diálogo 37 .... *138*

    Diálogo 38 .... *140*

    Diálogo 39 .... *142*

    Diálogo 40 .... *144*

    Diálogo 41 .... *146*

CONCLUSIÓN **148**

Introducción

En especial existen muchos factores que posicionan al inglés como un lenguaje esencial para la comunicación del siglo 21. Bien se sabe que el inglés es el idioma extranjero más popular y más del 75% de la información disponible en línea, está escrita en inglés, personas de diferentes países lo usan como idioma de referencia para la comunicación, de manera que cada persona necesita aprender inglés para lograr conectarse a nivel internacional.

Hoy en día el idioma inglés es considerado el idioma universal, por tan elevado número de personas en el mundo que lo hablan tanto como lengua materna, segunda lengua o lengua extranjera. Dicha popularidad del idioma se debe a la influencia política, económica, militar, científica y cultural del Reino Unido desde el siglo XVIII, y los Estados Unidos de América desde del siglo XX, por lo que hoy en día el inglés es el idioma principal del discurso internacional. Es importante destacar el valor histórico y actual que ha adquirido el inglés en el en el mundo, ya que dicha lengua es empleada cada vez más en todas las áreas del conocimiento y el desarrollo humano. Hoy en día es muy alto el volumen de información humanista, científica y tecnológica escrita en inglés.

Sin embargo, en esta guía nos enfocaremos centraremos la atención en aprender inglés por medio de palabras, frases, y diálogos.

España y Latinoamérica no escapan del impacto social que este idioma ha ocasionado en la humanidad.

Hace algún tiempo, el objetivo de la enseñanza del inglés "literario" es decir, leer, traducir y entender. Además, entre los medios básicos para el aprendizaje de un idioma figuraban el estudio del vocabulario, así como la gramática y las traducciones directas e inversas. Hablar del aprendizaje de lenguas, pero los resultados de tales estudios en la actualidad han sido casi nulos. Los adultos las generaciones pasadas tienen un conocimiento muy limitado del inglés o es prácticamente nulo.

Para aprender inglés necesitas aprender:

- ❖ Vocabulario
- ❖ Pronunciación
- ❖ Elementos contextuales y culturales asociados
- ❖ Gramática

Por ello, la mejor forma de aprender inglés es por medio de *«repetion drills» ejercicios de repetición* y aprender vocabulario mediante contexto de modo que es más fácil recordar las cosas que quieres decir o expresar si las recuerdas en un ambiente o contexto especifico.

En esta guía comenzaremos con aprender vocabulario, dividido en contextos, bien se sabe hablar un F2 lengua extranjera es conocer palabras de otro idioma, y la mejor forma de aprender inglés debe ser como los niños aprenden un segundo idioma.

Tener un vocabulario amplio y usarlo de manera precisa es algo esencial en la vida diaria y aún más si queremos aprender un idioma. Aprender vocabulario no se trata de aprender palabras y luego actuar como si la coleccionáramos. Es algo mucho más importante ya que el vocabulario es la gran herramienta de la comunicación.

Asimismo, la importancia de hablar radica en que el aprendiz reconoce inmediatamente el significado de las palabras que lee o escucha. Por tal motivo en este libro te proporcionado vocabulario divididos por temas para que puedas asociar las palabras en diferentes contextos lo cual será muy útil, y no solo eso sino también su estructura o categoría gramatical, entonces cada vez que escuches o hables de un tema no solo conocerás o utilizaras una o dos palabras sino que también asociarás mucha información conveniente. Estudios afirman que el aprendizaje de vocabulario bien desarrollado y aquellos estudiantes quienes aprenden muchas más palabras indirectamente a través de la lectura que de una instrucción exhaustiva de ello, La mayoría de los estudiantes suelen confundirse debido a las inconsistencias en reglas gramaticales del inglés.

¿Cómo puedo aprender a formular oraciones?

Los niños aprenden palabras y las repiten, y luego de que comienzan de repetir las palabras que conocen e identifican comienzan a juntas esas palabras y construyen oraciones. Por lo tanto, aprender un idioma es conocer la mayor cantidad de palabras posibles y aprender la gramática de una forma innata o por inercia. ¿Aún no comprendes? Te lo explicamos. Al conocer la mayor cantidad de palabras es sumamente fácil identificar su posición o función dentro de una oración, así de esta forma puedes construir oraciones cambiando palabras de su misma clase por ejemplo. Al aprender un idioma primero se debe conocer el idioma y luego conocer la gramática.

Saber un idioma es meramente conocer palabras y para que se entienda lo que se quiere decir las palabras deben llevar un orden. Desde la escuela hemos escuchado "sujeto, verbo y predicado" los tiempos gramaticales "presente, pasado y futuro". Entonces, una vez que conozcas estas palabras será fácil para ti formular oraciones además de la estructura gramatical.

Por tanto, aprender inglés mediante inglés formulado es un excelente método para aprender rápido. No queremos mentirte, no existe una fórmula secreta y todo depende de tu compromiso y dedicación, lo que si podemos asegúrate es que aprender mediante vocabulario dividido por temas y oraciones preformuladas aprenderás de forma implícita pero al reconocer las palabras y su categoría gramatical será más fácil formular tus propias oraciones.

Los diálogos sirven para que puedas establecer una conversación real con un nativo, lo cual también está ubicado por contexto para que sea más fácil para ti ubicar las palabras y entender todo rápidamente.

Comprender mejor las reglas de la lengua y su construcción

Cuando aprendes una frase u oración, aprendes la sucesión de palabras. Y no solo eso, también aprendes de manera más inconsciente, la forma en que las palabras se colocan en la frase para su lógica y sentido. Por ejemplos: "My house is big and blue", al igual que en español se entiende que es un frase afirmativa, el sujeto se coloca en primer lugar, antes del verbo y posterior el complemento. De algún modo asimilamos que las frases en inglés se construyen de esta forma.

Todos queremos que las palabras en otro idioma salgan de nuestra boca con facilidad, sin hacer ningún esfuerzo y sin estar pensando durante minutos cómo construir una frase. Hay una manera de hablar otro idioma con mayor rapidez: desarrollando el músculo de la memoria. Aquí, como músculos, entendemos los músculos de nuestros órganos oratorios. Estos músculos, como los músculos de las piernas al montar en bicicleta o los músculos de los dedos de un pianista, tienen memoria. Esta memoria permite a los músculos hacer movimientos automáticos casi inconscientemente.

Para crear esta memoria en el músculo, es muy importante pronunciar las palabras en voz alta cuando las estamos aprendiendo realizando los movimientos con la lengua y los labios. También es muy útil imaginarse no sólo la palabra, sino también la cosa a la que hace referencia. Con el tiempo, no tendrás que pensar más sobre qué palabra tienes que usar, tus músculos lo harán automáticamente.

I PARTE – 336 FRASES EN INGLÉS

En esta sección te mostraremos el mejor método para aprender frases comunes en inglés, dividido en contextos o situaciones y puede ser mucho más fácil de identificar. Encontraras 2001 frases que te prepararán para ingles sin problemas. Solo debes disponer de tu tiempo para memorizarlas.

Likes and Dislikes — Gustos y disgustos

1. This is really tasteful/rich in flavor,

    Esto es realmente delicioso/tiene mucho sabor

2. I don't like, it is disgusting.

    No me gusta, es asqueroso

3. I really like to sleep

    Me gusta mucho dormir

4. My favorite color is blue.

    Mi color favorito es el azul

5. I don't like colorful things

    No me gustan las cosas coloridas

6. My kind of food is vegan.

    Mi tipo de comida es vegana

7. I love eat meat.

    Amo comer carne

8. I do not like spicy food.

    No me gusta la comida picante

9. What a disgust.

    ¡Qué asco!

10. The food was very disgusting.

    La comida estaba realmente asquerosa

11. How beautiful!

    ¡Qué bonito/bonita!

    ¡Qué lindos/lindas!

12. What kind of movies do you like? I like comedy movies.

    ¿Qué tipo de películas te gustan? Me gustan las películas de comedia

13. Do you like pizza? No, I don't. I like burgers

    ¿Te gustan las pizzas? No. Me gustan las hamburguesas

14. What kind of TV shows do you like? I like reality shows

    ¿Qué tipo de programas de televisión te gustan? Me gustan las reality shows

15. Who is your favorite actor? My favorite actor is Brad Pitt

    ¿Quién es tu actor favorito? Mi actor favorito es Brad Pitt

16. Who is your favorite singer? My favorite singer is Ariana Grande

    ¿Quién es tu cantante favorita? Mi cantante favorita es Ariana Grande

17. What sport do you like the most? I like soccer.

    ¿Qué deporte te gusta más? Me gusta el fútbol

18. Who is your favorite soccer player? My favorite soccer player is Messi

    ¿Quién es tu jugador de futbol favorito? Mi jugador de futbol favorito es Messi

19. What's your favorite food? I like Chinese food.

    ¿Cuál es tu comida favorita? Me gusta la comida china

20. What kind of books do you like? I like novels.

    ¿Qué tipo de libros te gustan? Me gustan las novelas

21. Who is your favorite author? My favorite author is William Shakespeare.

    ¿Cuál es tu autor favorito? Mi autor favorito es William Shakespeare

22. What kind of music do you like? I like rock music.

    ¿Qué tipo de música te gusta? Me gusta el rock

23. Do you like rap? No, I don't.

    ¿Te gusta el rap? No, no me gusta

24. What is your favorite band? My favorite band is Maroon 5.

¿Cuál es tu banda favorita? Mi banda favorita es Maroon 5

Moods — Estados de ánimo

25. What a beautiful day!

    ¡Qué día tan hermoso!

26. Aggg, how awful!

    ¡Qué horror!

27. This is so cute!

    Esto es muy adorable

28. It is too much!

    ¡Es demasiado!

29. It is unfair!

    ¡No es justo!

30. This is very funny/hilarious.

    Esto es divertido

31. That is discrimination.

    Eso es discriminación

32. How boring!

    ¡Qué aburrido/aburrida/aburridos!

33. How weird/rare/strange
    ¡Qué raro/ Qué extraño!

34. How interesting!
    ¡Qué interesante/ curioso!

35. Seriously?
    ¿En serio?

36. To be on time
    Llegar a tiempo

37. You are late!
    Llegas tarde

38. What a pity!
    Es una pena

39. Whatever! Whenever!
    Lo que sea/ Donde sea

40. I liked it
    Me gustó

41. I didn't like it
    No me gustó

42. What you want/say!

    Lo que quieras/digas

43. I don't care

    No me importa

Health — Salud

44. It hurts here.

    Me duele aquí

45. I have a rash here.

    Tengo un sarpullido aquí

46. I think you have a fever.

    Creo que tienes fiebre

47. I have a cold.

    Tengo un resfriado

48. I have a cough.

    Tengo tos

49. I am tired all the time.

    Me siento cansado todo el tiempo

50. I feel dizzy.

    Estoy mareado/mareada

51. I don't have any appetite.

    No tengo apetito

52. I can't sleep at night.

    No puedo dormir por las noches

53. An insect bit me.

    Un insecto me picó

54. I think it's the heat.

    Creo que es el calor

55. I think that I have eaten something bad.

    Creo que comí algo en mal estado

56. My belly hurts

    Me duele mi vientre.

57. I can't move my…

    No puedo mover mi…

58. It could prove to be dangersous to your health.

    Podría ser peligroso para su salud

59. He spent a day or two in the hospital.

    Él pasó un día o dos en el hospital

60. Well, then you should be at the hospital with him.

    Bueno, entonces deberías estar en el hospital con él

61. This hospital can do nothing more for him.
Este hospital no puede hacer nada más por él

62. Can you tell him that his friend is in the hospital?
¿Podría decirle que su amigoestá en el hospital?

63. When was it that she visited Paul in the hospital?
¿Cuándo fue que ella visitó a Paul en el hospital?

64. The mission is to protect human health and the environment.
La misión es proteger la salud humana y el ambiente

65. Severe cases of pneumonia may require treatment in the hospital.
Los casos graves de neumonía pueden requerir tratamiento en el hospital

66. The health and safety of our customers is paramount.
La salud y la seguridad de nuestros clientes es primordial

67. My grandfather was taken to a very good hospital in another country.
Mi abuelo fue llevado a un hospital muy bueno en otro país

68. Helps improve the health of nails, skin and hair.
Ayuda a mejorar la salud de uñas, piel y cabello

69. No news from the hospital yet, but do not worry.
    No hay noticias del hospital todavía, pero no se preocupe

70. Is there anything from the security cameras at the hospital?
    ¿Hay algo de las cámaras de seguridad en el hospital?

71. Nobody said anything about touching patients outside of the hospital.
    Nadie dijo nada de tocar pacientes fuera del hospital

72. Why didn't they take him to hospital in a ambulance?
    ¿Por qué no lo llevaron al hospital en la ambulancia?

73. These improvements increased the capacity of the hospital to 100 beds.
    Estas mejoras aumentaron la capacidad del hospital a 100 camas

74. Emotions affect our health and our relationships, every day.
    Las emociones afectan nuestra salud y nuestras relaciones, cada día

75. She came out here to stay, to get his health back.
    Vino aquí a recuperar su salud

76. These pills are only in cases where you feel a lot of pain.
    Estas pastillas solo son en casos de que se sienta mucho dolor

77. You will stay in the hospital for 1–4 days.

    Usted permanecerá en el hospital durante 1 a 4 días

78. We had 3 similar cases up in the hospital last week.

    Tuvimos a 3 casos similares en el hospital la semana pasada

79. Nevertheless, few persons know about the quality of our medicine.

    Sin embargo, pocas personas conocen la calidad de nuestra medicina

80. Adults are still enjoy a good health and vitality.

    Los adultos aún gozan de buena salud y vitalidad

81. Severe pain may need to be treated in a hospital.

    El dolor severo puede necesitar ser tratado en un hospital

82. Sorry, but the hospital has committed a serious error.

    Lo siento, pero el hospital ha cometido un grave error

83. Parts of the plant are used in the traditional medicine.

    Partes de la planta son utilizadas en la medicina tradicional

84. Take the medicine as it was prescribed by your doctor.

    Tome la medicina como ha sido prescrito por su doctor

85. We won't go into details about her health.
    No entraremos en detalles sobre su salud

86. There's an awful lot of sickness going on around here lately.
    Hay mucha enfermedad por aquí últimamente

87. You need to be in a good hospital.
    Tienes que estar en un buen hospital

88. Make sure you take your medicine, and don't skip breakfast.
    Asegúrate de tomar tu medicina, y no dejes de desayunar

89. Tips for finding the best medicine and treatment against blood pressure.
    Consejos para encontrar la mejor medicina y el tratamiento contra la presion arterial

90. My husband forgot to take his medication this morning.
    Mi esposo olvidó tomar su medicina esta mañana

91. I've been taking this medicine for many years.
    Yo he estado tomando esta medicina por muchos años

92. I had to make sure my son took his medicine.
    Tenía que asegurarme de que mi hijo tomó su medicina

93. We survived the sickness and we had plenty of stores.
Sobrevivimos la enfermedad y teníamos muchos almacenes

94. The new health codes regarding private operating rooms are considerably more stringent.
Los nuevos códigos de salubridad con respecto a salas privadas de operación son considerablemente más rigurosos

95. A disease which is common in areas of poor sanitation and bad hygiene.
Una enfermedad común en zonas de salubridad pobre y mala higiene

96. We restore it to cleanliness, comfort, a condition of absolute health.
Lo restauraremos a la limpieza, comodidad un estado de salubridad absoluta

97. He got punched in his nose
Él fue golpeado en la nariz

98. My cheeks are always red
Mis mejillas siempre están rojas

99. My chest hurts when I eat
Me duele el pecho cuando como

100. Since she is eating healthy, her waist is getting smaller
   Desde que ella está comiendo sano, su cadera se está reduciendo

101. His back against the wall
   Su espalda contra la pared

102. I have strong legs
   Tengo piernas fuertes

103. Her thighs don´t match
   Sus muslos no son iguales

104. You must strengthen your knees
   Debes fortalecer tus rodillas

105. She broke her right ankle
   Ella se fracturó su tobillo derecho

106. She has beautiful hands
   Ella tiene manos hermosas

107. Her mother was painting her nails
   Su mama le estaba pintando sus uñas

108. He is using a wrist brace
   Él está usando una pulsera de muñeca

Relations — Relaciones

109. I think about you/ I think of you

    Pienso en ti

110. Can I bring my friend?

    ¿Puedo llevar a mi amigo?

111. We are family, we are cousins but we love each other as if we were brothers.

    Nosotros somos familia, somos primos pero nos queremos como si fuésemos hermanos

112. Hey, I better get going! I have a long day tomorrow.

    ¡Oye, mejor me voy! Mañana tengo un día largo

113. Thank you for having me over!

    ¡Gracias por tenerme aquí!

114. Thanks for inviting me to your home

    Gracias por invitarme a tu casa

115. I had a wonderful time

    La pasé muy bien

116. I really enjoyed our chat. Thank you so much.
    Disfruté mucho de esta charla. Muchas gracias

117. I want to kiss you/caress you/hug you
    Quiero besarte/acariciarte/ abrazarte

118. We aren't dating.
    No estamos saliendo

119. It was really nice meeting you.
    Fue muy agradable conocerte

120. Give me your phone number, just in case there is a problem.
    Dame tu número de teléfono, por si acaso hay un problema

121. I appreciate the information
    Aprecio la información

122. Thank you. That was really helpful
    Gracias. Eso fue muy útil

123. I will always love you
    Te amaré por siempre

124. You are beautiful
    Eres Hermosa/hermoso

125. You are very handsome

    Eres muy apuesto

126. You are so pretty

    Eres tan hermosa

127. You are the love of my life

    Eres el amor de mi vida

128. Thanks for the suggestion

    Gracias por la sugerencia.

129. That's pretty common. I heard that a lot of people had the same experience.

    Eso es muy común. Escuché que muchas personas han tenido la misma experiencia

130. You make me happy

    Me haces feliz

131. I'm in a relationship right now

    Estoy en una relación ahora

132. My parents' relationship is stable. I love it

    La relación de mis padres es fuerte. Me encanta

133. For me it is very easy to make friends

   Para mí es muy fácil hacer amigos

134. I am not a very sociable person

   No soy una persona muy sociable

135. I have a very close and stable relationship with each of my friends.

   Tengo una relación muy cercana y estable con cada uno de mis amigos

136. I don't have good relationships with my coworkers.

   No tengo buenas relaciones con mis compañeros del trabajo

137. I like my classmates

   Me agradan mis compañeros de clase

Activities / Hobbies / Entertainment — Actividades / pasatiempos / entretenimiento

138. The style of their art is unique in this world.
    El estilo de su arte es único en este mundo

139. When I am bored I make cartoons in my notebook.
    Cuando estoy aburrido hago caricaturas en mi cuaderno

140. I do a lot of things in my free time.
    Suelo hacer muchas cosas en mis tiempos libres

141. I am a dancer. Since I was little, it's what I like to do the most.
    Soy bailarina. Desde que era pequeña es lo que más me gusta hacer

142. I want two tickets please.
    Quiero dos boletos, por favor

143. Do we have to wait in line to buy the tickets?
    ¿Tenemos que hacer fila para comprar los boletos?

144. I usually paint to relieve stress.
    Suelo pintar para aliviar el estrés

145. My favorite hobby is cooking.

    Mi pasatiempo favorito es cocinar

146. I like to watch TV in the afternoon.

    Me gusta ver televisión por las tardes

147. I go to the store every day.

    Yo voy a la tienda todos los días

148. I enjoy knitting.

    Me gusta tejer

149. In my spare time I do crossword puzles.

    En mi tiempo libre hago crucigramas

150. I do yoga.

    Yo hago yoga

151. She does exercises.

    Ella hace ejercicios

152. I can do 50 squats

    Yo puedo hacer 50 sentadillas

153. She will never do 50 push ups.

    Ella nunca hará 50 flexiones

154. I did judo last night

    Yo hice judo anoche

155. I was doing Taekwondo

    Yo estaba haciendo Taekwondo

156. She likes to run in the evenings.

    A ella le gusta correr por las tardes

157. Whenever I have a space I do crafts.

    Siempre que tengo un espacio hago manualidades

158. Every weekend I go out with my friends

    Cada fin de semana salgo con mis amigos

159. I always go out to hang out.

    Siempre salgo a pasar el rato

160. I like to dance, it's what I like to do the most.

    Me gusta bailar, es lo que más me gusta hacer

161. Gardening is a hobby that relaxes me.

    La jardinería es unos pasatiempos que me relaja

162. Doing yoga is part of my daily routine.

    Hacer yoga es parte de mi rutina diaria

163. I try to do many things every day and waste time.

    Trato de hace muchas cosas cada día y perder tiempo

164. In the afternoons I like to read a book and have tea or coffee.

    Por las tardes me gusta leer un libro y tomar un té o café

165. I spend many hours a day watching my social media.

    Paso muchas horas del día viendo mis redes sociales

166. I love watching tutorials on youtube, I learn a lot of things

    Me encanta ver tutoriales en youtube, apredo muchas cosas

167. I'm bored, I think I'll watch a movie or some series.

    Estoy aburrido, creo que vere una pelicula o alguna serie

168. This is the best way to learn to paint.

    Este es la mejor manera de aprender a pintar

169. There is plenty of entertainment and services in the area.
Hay un montón de entretenimiento y servicios en la zona

170. All visitors will enjoy its history, culture and great entertainment.
Todos los visitantes disfrutarán de su historia, cultura y gran entretenimiento

171. Children also have an exceptional place for their entertainment.
Los niños también tienen un lugar muy especial para su entretenimiento

172. It looks like this colony has other forms of entertainment.
Parece que esta colonia tiene otras formas de entretenimiento

173. That's the most fun you can have.
Es el mayor entretenimiento que puedes

174. There is a VT with a large selection of movies for your entertainment.
Hay una tv con una gran selección de películas para su entretenimiento

175. It is one of the largest art and entertainment forms.
Es una de las mayores formas de arte y entretenimiento

Work — Trabajo

176. Could I speak with the managing director, please?

    ¿Puedo hablar con el director general?

177. There will be few opportunities like this one

    Habrá pocas oportunidades como esta

178. I am done/finished

    He terminado/acabado

179. Would you like to leave her/him/them a message?

    Quiere dejarle/dejarles un mensaje?

180. I understand your point of view

    Entiendo su punto de vista

181. Our work must be sound and efficient, but also intense.

    Nuestro trabajo debe ser racional y eficiente, pero también intenso

182. I absolutely agree with you

    Estoy absolutamente de acuerdo con usted

183. We're running out of time.

    Nos estamos quedando sin tiempo

184. Unfortunately, we don't have any more time to spend on this issue.

Por desgracia, no tenemos más tiempo para dedicar a este tema

185. Ok, everyone, we're almost out of time.

Ok, todo el mundo, casi se nos está acabando el tiempo

186. We are getting really behind schedule.

Nos estamos retrasando mucho con respecto alplanning

187. Excuse me for interrupting

Perdón por interrumpir

188. To that end, I'm asking...

Con este propósito pido...

189. How do we initiate the process?

¿Cómo iniciamos el proceso?

190. I'll pass the message on

Le trasladaré el mensaje

191. Can you offer us a discount if we order a large quantify?

¿Puede ofrecernos un descuento si pedimos una gran cantidad?

192. Ok, Andrés, if I could just quickly interrupt you there...
Ok, Andrés, si me permites interrumpirte un momento con eso...

193. Better later than never
Más vale tarde que nunca

194. Beat about the bush
Andar con rodeos

195. You'll see great improvements across the board
Veréis grandes mejoras en todos los departamentos

196. We can't afford to make mistakes
No podemos permitirnos ningún error

197. No matter what
Sea como sea/No importa como sea

198. You're between a rock and a hard place
Estás entre la espada y la pared

199. You have no further contractual commitments
No tienes otras obligaciones por contrato

200. Yes, that sounds good
Si, eso suena bien

201. I would appreciate a quick reply
Agradecería una respuesta rápida

202. Ok, Joe, if I could just quickly interrupt you there…
Ok, Joe, si me permites interrumpirte un momento con eso…

203. You'll see great improvements across the board
Veréis grandes mejoras en todos los departamentos

204. We can't afford to make mistakes
No podemos permitirnos ningún error

205. You're between a rock and a hard place
Estás entre la espada y la pared

206. You have no further contractual commitments
No tienes otras obligaciones por contrato

207. Yes, that sounds good
Si, eso suena bien

208. I would appreciate a quick reply
Agradecería una respuesta rápida

209. Ana, sorry to interrupt but I'd like to hear some other views on this.

Ana, siento interrumpirte pero me gustaría escuchar otras opiniones al respecto

210. If I could just stop you there for a second.

Permíteme interrumpirte un segundo

211. Can I share an idea?

¿Puedo compartir una idea?

212. I would like to add something.

Me gustaría añadir algo

213. Can I add…

¿Puedo añadir…

214. I don't mean to interrupt, but…

No quisiera interrumpir, pero…

215. Excuse me, I'd like to say something.

Disculpen, me gustaría decir algo

216. Sorry to hold the meeting up, but…

Perdón por interrumpir, pero antes de seguir avanzando me gustaría…

217. Wait, what about if you do this instead
   Espera, ¿qué pasa si haces esto en su lugar?

218. One quick thing...
   Una cosa rápida...

219. Just let me say...
   Sólo déjeme decir...

220. Can I say something?
   ¿Puedo decir algo?

221. Just a minute...
   Solo un minuto...

222. I'd like to make a point.
   Me gustaría hacer una aclaración

223. Can I come in here?
   ¿Puedo opinar una cosa sobre eso?

224. Do you mind if I just come in here?
   ¿Te importa si añado una cosa sobre esto?

225. Could I interrupt you for a moment?
   ¿Podría interrumpirte un segundo?

226. May I just add something here?
    Me permites añadir algo aquí?

227. While we're on the subject, I'd like to say...
    Mientras estamos en el tema, me gustaría decir...

228. I do feel quite strongly that...
    Considero totalmente que...

229. Would you mind clarifying this point?
    ¿Te importaría aclarar este punto?

230. Sorry, but could you outline the main points again?
    Perdona, pero ¿podrías resumir los puntos principales de nuevo?

231. I'm not sure I understood your point about...
    No estoy seguro de haber entendido tu punto sobre...

232. Sorry, could you repeat that please?
    Lo siento, ¿podrías repetirlo por favor?

233. Just a moment, Paula. I'll come back to you in a minute.
    Un momento, Paula, ya vuelvo contigo en un minuto

234. One at a time, please.
    De uno en uno, por favor

235. Please let her finish what she was saying.

Por favor, deja que termine lo que estaba diciendo

236. Actually, if you could just let me finish...

De hecho, si me permites terminar lo que estaba diciendo...

237. Just let me finish, if you wouldn't mind...

Solo déjame terminar, si no te importa...

238. Actually, I've nearly finished...

En realidad, ya casi estoy terminando...

239. We're running out of time.

Nos estamos quedando sin tiempo

240. Unfortunately, we don't have any more time to spend on this issue.

Por desgracia, no tenemos más tiempo para dedicar a este tema

241. Ok, everyone, we're almost out of time.

Ok, todo el mundo, casi se nos está acabando el tiempo

242. We are getting really behind schedule.

Nos estamos retrasando mucho con respecto alplanning

243. Can you go into further detail on this please?
¿Puedes entrar en más detalles sobre esto, por favor?

244. I'm not sure if I've fully understood the main points here...
No estoy seguro de si he entendido plenamente los puntos principales aquí...

245. Could you summarize the main points of this discussion, please?
¿Podrías resumir los puntos principales de esta discusión, por favor?

246. Would you mind summing up what you've just said?
¿Te importaría resumir lo que acabas de decir?

247. So, in a nutshell, what you're saying is...
Así, que en pocas palabras, lo que estás diciendo es...

248. We have to bring this to a close.
Tenemos que cerrar este tema

249. I think we've covered everything.
Creo que lo hemos cubierto todo

250. I don't think there's anything else left.
No creo que nos quede ningún tema más por discutir

251. That's everything on the agenda.
Ok. Eso es todo en la orden del día

252. Does anyone have anything else before we finish?
¿Alguien tiene otra cosa que añadir antes de terminar?

253. Is there any other business?
¿Hay algún otro tema?

254. Are there any final questions?
¿Hay alguna última pregunta?

255. Let's finish there. Thank you all for coming and I'll see you again the next week.
Ok, vamos a terminar aquí. Gracias a todos por venir y os veré de nuevo la próxima semana

256. It's getting late. Let's call it a day.
Se está haciendo tarde. Demos la reunión por terminada

257. I really would like a decision before we close the meeting.
Realmente me gustaría tener una decisión tomada antes de acabar la reunión

258. Can we come to a decision before we leave?
¿Podemos llegar a una decisión antes de que nos vayamos?

259. Are we all ready to make a decision?

¿Estamos todos listos para tomar una decisión?

260. Let's set a time for our next meeting.

Pongamos una fecha para nuestra próxima reunión

261. Is tomorrow a convenient day for our next meeting?

¿Os vendría bien que nuestra próxima reunión tuviera lugar mañana?

262. I'll confirm the date and location of our next meeting by email.

Voy a confirmar la fecha y sitio de nuestra próxima reunión por correo electrónico

263. I'll email you the time of our next meeting.

Te voy a enviar por correo electrónico la fecha de nuestra próxima reunión

264. How can I help you?

¿Cómo puedo ayudarle?

265. I don't have the answer, but I can find out

No tengo la respuesta, pero la puedo averiguar

266. I deliver/we deliver on time

Entrego/entregamos a tiempo

267. I will keep you informed

   Lo mantengo informado

268. We will give you what you ask for

   Le daremos lo que pide

269. I'll take over/we'll take over

   Me haré/nos haremos cargo

270. Thank you for your/your purchase

   Gracias por tu/ su compra

Phone Calls — Llamadas telefónicas

271. I'm sorry, I didn't understand. Could you slow down and repeat that, please?
Lo siento, no entendí. ¿Podría hablar más despacio y repetirlo, por favor?

272. Could you talk a bit louder, please?
¿Podría hablar más alto, por favor?

273. I'm sorry, I can't hear you very well. Could you speak up a little, please?
Lo siento, no le oigo bien. ¿Podría hablar más fuerte, por favor?

274. Good evening, this is Mary. May I speak with Peter?
Buenas noches, habla Mary. ¿Podría hablar con Peter?

275. Could you let John know that I called?
¿Podría decirle a John que llamé?

276. Good morning, Robert speaking.
Buenos días, habla Robert

277. Sorry, I'm having a little trouble hearing.
Lo siento, tengo problemas para oír

278. Could you slow down a little?
¿Podrías ir un poco más despacio?

279. Sorry, I didn't quite catch that. Could you repeat it, please?
Lo siento, no entendí eso. ¿Puedes repetirlo por favor?

280. State your name, the reason for your call and a number that you would like the person to call.
Tu nombre, la razón de tu llamada y un número donde puedan contactarte

281. May I speak to Rachel Smith, please?
¿Puedo hablar con Rachel Smith, por favor?

282. I want to speak to Rachel Smith.
Quiero hablar con Rachel Smith

283. Could I talk to someone about booking a room, please?
¿Podría hablar con alguien sobre reservar una habitación, por favor?

284. Please hold… Ok, I'll put you through to Joseph
Por favor, espere… Vale, le comunicaré con Joseph

285. I'm calling to ask about/discuss/clarify…
Llamo para preguntar sobre/informarme sobre/solicitar alguna aclaración sobre…

286. I just wanted to ask…
Llamo para preguntar…

287. Could you tell me…?
¿Me podría decir…?

288. I'm sorry, she/he's not here today. Can I take a message?
Lo siento, no ha venido hoy ¿Quiere dejar algún recado?

289. I'm afraid he/she's not available at the moment. Can I take a message?
Lo siento, en estos momentos no está disponible ¿Quiere dejar algún recado?

290. 18. When is a good time to call?
¿Cuándo puedo volver a llamar?

291. 19. When is she/he going to be back?
¿Cuándo estará de vuelta?

292. Could I ask who's calling, please?
¿Quién le llama, por favor?

293. I'll give him/her your message as soon as he/she gets back
Le daré el recado en cuanto llegue

294. Could you please take a message? Please tell her/him that...
¿Puedo dejar un recado? Por favor, dígale que...

295. I'd like to leave her/him a message. Please let her/him know that...
Quisiera dejarle un mensaje. Por favor, dígale que...

296. Could you spell that for me, please?
¿Me lo puede deletrear, por favor?

297. 23. How do you spell that, please?
¿Cómo se escribe, por favor?

298. Let me see if I got that right. Your name is Andres, A-N-D-R-E-S, and your phone number is 555-444-071, correct?
A ver si lo he apuntado bien– Su nombre es Andrés, se escribe A-N-D-R-E-S y su número de teléfono es 555-444-071, ¿Correcto?

299. Would you mind speaking up a bit?

¿Podría hablar un poco más alto, por favor? I can't hear you very well – No puedo oirle muy bien

300. Shall we say January 20?

¿Podría ser el 20 de enero?

301. How about the following week?

¿Y la semana siguiente?

302. Would the week of January 18 work for you?

¿Usted podría la semana del 18 de enero?

303. What would you suggest?

¿A usted qué le parece?

304. Do you have a time/place in mind?

¿Le viene mejor alguna fecha / algún sitio?

305. Could you send me an email with the detailed offer?

¿Me puede enviar un correo con la oferta completa?

306. Do you mind sending me the report again, please?

¿Me podrías mandar el informe otra vez, por favor?

307. I'll ask him to call you as soon as he gets back
En cuanto esté de vuelta le diré que le llame

308. I'll send you the report as soon as possible.
Le enviaré el informe tan pronto como sea posible

309. I'm afraid I can't give you that information
Lo siento, pero no se me permite dar esa información

310. Sorry, but I'm not allowed to give details about that
Lo siento, pero no se me permite dar detalles al respecto

311. Thank you very much for your help
Muchas gracias por su ayuda

312. 39. Thanks for calling
Gracias por llamar

313. 40. Thank you for your time
Muchas gracias por su tiempo

314. Please hold the line for me, one moment.
Por favor, espere un momento

315. Would you mind holding the line, just for a moment.
¿Le importaría mantener la línea, sólo por un momento?

316. I'm just going to put you on hold for a moment.
Solo voy a dejarlo en espera por un momento

317. Hang on a minute.
Espere un minute

318. Hang on a sec second.
Espera un Segundo

319. Sorry, you're breaking up.
Perdón, está entrecortado

320. Would mind speaking up a bit?
¿Le importaría hablar un poco?

321. Could you slow down a bit please? I'm afraid she's busy at the moment.
¿Podría esperar un poco? Me temo que está ocupada en este momento

322. I'm afraid she's out of the office today.
Me temo que hoy no está en la oficina

323. Would you mind calling back later?
¿Le importaría volver a llamar más tarde?

324. He's not here at the moment.

    Él no está aquí en este momento

325. He just popped out.

    Él acaba de salir

326. No sorry, she's not around today.

    No, lo siento, hoy no está

327. Can I take a message?

    ¿Puedo tomar un mensaje?

328. Can I take your name please?

    ¿Puedo tomar su nombre por favor?

329. Could you spell it for me please?

    ¿Podrías deletrearlo por favor?

330. I'll pass that on to him.

    Se lo pasaré a él

331. I'll make sure she gets the message.

    Me aseguraré de que reciba el mensaje

332. I'll tell her you called.

    Le diré que llamaste

333. I'll get her to call you back.

   Conseguiré que le devuelva la llamada

334. I'll let her know you rang.

   Le haré saber que llamaste

335. How good that you called, I missed you

   Qué bueno que llamaste, te extrañaba

336. I missed hearing your voice

   Extrañaba escuchar tu voz

PART II: Diálogos

Introduction — Presentación

Diálogo 1

Español

- Hola, ¿Cómo estás?
- Hola, yo muy bien ¿y tú?
- Muy bien, es un gusto
- El gusto es mío
- ¿Qué haces un día normal?
- Trabajar, ¿y tú?
- Lo mismo, no puedo hacer muchas cosas la verdad
- Y los fines de semana, ¿qué sueles hacer?
- Salgo con mis amigos a comer en algún restaurante, o nos reunimos en alguna casa a ver una película o jugar cartas.
- Entiendo, me parece genial, yo suelo hacer lo mismo
- Guao, al parecer tenemos mucho en común ¿Te gusta hacer deporte?
- No, la verdad no
- Ya tenemos algo en lo que no estamos de acuerdo, a mí me encantan
- ¿Cuál es tu película favorita? ¿Por qué?

- Creo que mi película favorita es cualquiera que de un buen mensaje
- ¿Y tu actor/actriz favorito?
- Leonardo DiCaprio, me gusta desde mi niñez
- ¿Qué haces normalmente durante las vacaciones de verano?
- Voy de viaje, ¿y tú?
- Igual yo
- ¿Cuál es tu comida preferida? ¿Qué ingredientes lleva?
- La sopa de pollo y normalmente lleva vegetales como la papa, zanahoria, cebolla y sal.
- Guao, parece delicioso.
- Tienes buenos gustos
- Si, igual tu

English

- Hi, how are you?
- Hi, I'm fine, and you?
- Alright, it's a treat
- My pleasure
- What do you do on a normal day?
- Work, and you?
- The same, I can not do many things the truth
- And on weekends, what do you usually do?
- I go out with my friends to eat in a restaurant, or we meet in a house to watch a movie or play cards.
- I understand, it seems great to me, I usually do the same

- Wow, we seem to have a lot in common. Do you like to play sports?
- Not really, no
- We already have something that we do not agree on, I love them
- What is your favorite movie? Why?
- I think my favorite movie is any that gives a good message
- And your favorite actor / actress?
- Leonardo DiCaprio, I have liked him since my childhood
- What do you normally do during the summer holidays?
- I'm going on a trip, and you?
- Me too
- What is your favorite food? What ingredients does it have?
- The chicken soup and usually has vegetables such as potatoes, carrots, onion and salt.
- Wow, it looks delicious.
- You have good taste
- Thanks, just like you

Diálogo 2

Español

- ¡Hola, encantado de conocerte!
- Hola, ¡encantado de conocerte también! No hablo muy bien el inglés, ¡pero estoy aprendiendo!
- No hay problema. Estoy aquí para ayudarte. ¿Cuántos años tienes?
- Tengo 25
- ¿Dónde vives?
- Vivo en Barcelona
- ¡Increíble! Siempre ha sido mi sueño visitar tu ciudad. Quiero aprender más sobre eso.
- Es un lugar muy emocionante con muchas cosas que ver y hacer.
- Eso suena asombroso. Definitivamente quiero ir allí.
- Primero quiero hablar con fluidez.
- Estoy seguro de que lo hará, no se preocupe. ¿Qué haces?
- Soy un estudiante. ¿Qué pasa contigo? ¿A qué se dedica?
- Enseño literatura en la escuela.
- Oh, eso es muy bueno. Escucha, tengo que irme.
- Hablemos de nuevo pronto, ¿de acuerdo?
- Por supuesto. Hablaré contigo más tarde.

English

- Hi, nice to meet you!
- Hi, nice to meet you too! I do not speak English very well, but I'm learning!

- No problem. I'm here to help you. How old are you?
- I'm 25
- Where do you live?
- I live in Barcelona
- Awesome! It's always been my dream to visit your city. I want to learn more about it.
- It's a very exciting place with a lot of things to see and do.
- That sounds awesome. I definitely want to go there.
- First I want to become fluent.
- I'm sure you will, don't worry. What do you do?
- I'm a student. What about you? What do you do for a living?
- I teach literature at school.
- Oh, that's very cool. Listen, I have to go.
- Let's talk again soon, OK?
- Sure. Talk to you later.

Shoping — Compras

Diálogo 3

Español

- Hey ¿te gusta mi vestido nuevo?
- Si. El vestido es muy bonito. Te queda muy bien y te ves muy elegante.
- Gracias. Me gusta mucho el color. Compré también unos tacones para usarlo
- Esos son bastante altos ¿te sientes cómoda?
- Claro. Es fácil caminar con ellos.
- Mi madre prefiere los zapatos bajos… Creo que a ella no le gustan los zapatos de tacón.
- Entiendo, a veces son muy incomodos

English

- Hey do you like my new dress?
- Yes. The dress is stunning. It fits you very well, and you look very elegant.
- Thank you. I really like the color. I also bought some heels to wear it
- Those are pretty tall, are you comfortable?
- Clear. It is easy to walk with them.
- My mother prefers low shoes… I think she doesn't like heels.
- I understand, sometimes they are very uncomfortable

Diálogo 4

Español

— ¡Hola! ¿Tienen ropa para niños?

— Si, pase por favor. Tenemos todo tipo de ropa, pantalones, shorts, camisetas, ropa interior, calcetines... ¿Qué está buscando?

— Bueno, quiero comprar un pantalón y una camiseta, aun no dedico el color... Y también una chaqueta y zapatos que combinen

— ¿Qué talla?

— Creo que talla pequeña. Es para un niño de 10 años

— Entiendo... creo estos le quedarán bien

— Sí, yo creo que sí... aunque no me guste este ¿tiene en otros estilos?

— Sí, mire aquí

— Excelente. Me llevaré todo esto. ¿Cuánto es?

— Son 45 dolares señor. Tenga.

— Muchísimas gracias.

English

— Hi! Do you have children's clothing?

— Yes, please come in. We have all kinds of clothes, pants, shorts, tshirts, underwear, socks ... What are you looking for?

— Well, I want to buy a pair of pants and a tshirt, I have not determined the color yet ... And also a jacket and matching shoes

— What size?

— I think size small. It's for a 10 year old

— I understand... I think these will fit you

— Yes, I think so... even if I don't like this one, do you have other styles?

— Yes, look here

— Excellent. I'll take all of this. How much is it?

— It's 45 dollars sir. Have.

— Many thanks.

Diálogo 5

Español

— ¡Buenos días! Estoy buscando una falda negra y una blusa sencilla blanca.

— Por supuesto. Tenemos diferentes estilos de faldas en el color que prefiera. Hay faldas de todo tipo de tela, tamaño o diseño.

— La verdad es que prefiero una falda que no se muy larga o corta ¿Cuánto cuenta esta?

— La falda 20 dólares. Pero esta es muy parecida es un poco más cara pero la tela es mejor.

— Entiendo ¿Puedo medirme la ropa?

— Desde luego que sí. Aquí está el probador.

— Perfecto, gracias. Se me ve muy bien, me llevaré estas dos.

— Son 20 dólares por la falda y 15 por la blusa… en total, 35 dólares

— Está bien. ¡Gracias!

English

— Good morning! I am looking for a black skirt and a simple white blouse.

— Of course. We have different styles of skirts in the color you prefer. There are skirts of all types of fabric, size or design.

— The truth is that I prefer a skirt that is not very long or short. How much does this count?

— The skirt $ 20. But this one is very similar, it is a little more expensive but the fabric is better.

— I understand. Can I measure my clothes?

— Of course. Here's the tester.

— Perfect, thanks. I look very good, I'll take these two.

— They are 20 dollars for the skirt and 15 for the blouse ... in total, 35 dollars

— It's okay. Thank you!

Diálogo 6

— Hola, Moisés. Tanto tiempo sin verte. Hey, mira, estoy usando chaqueta que me regalaste... Combina bien con este vestido.

— Guao, te ves muy linda Elena. ¿Y cómo me veo yo?

— Muy elegante, me gusta tu atuendo, te ves divertido

— Gracias... la verdad es que quería vestirme un poco más casual.

— ¿Y tu novia?

— Yo vine con mi novia, pero esta buscando algo para tomar

— ¿Qué está usando ella?

— Ella está usando una falda azul, una blusa rosa y algunos accesorios en el cabello....

— Mmm... mira, ahí está

— Es cierto, es hermosa.

— Ven, vamos y te la presento

— Claro, vamos.

English

— Hi, Moises. Long time no see. Hey, look, I'm wearing a jacket you gave me... It goes well with this dress.

— Wow, you look very pretty Elena. And how do I see myself?

— Very elegant, I like your outfit you look funny

— Thanks ... the truth is that I wanted to dress a little more casual.

— And your girlfriend?

— I came with my girlfriend, but she's looking for something to drink

— What is she using?
— She is wearing a blue skirt, a pink blouse and some hair accessories....
— Mmm ... look, there it is
— It's true, it's beautiful.
— Come, let's go and I present it to you
— Sure, let's go!

Diálogo 7

Español

— Hola, hermana. ¿Qué estás haciendo?

— Hola, hermano. Estoy leyendo un libro que compré ayer.

— ¿Cuál es el nombre del libro?

— El libro se llama 1984

— ¿Es un escritor británico?

— No, él nació en la India.

— ¿De qué se trata?

— Pues habla de cosas que pueden relacionarse con la actualidad

— Ah, ya veo. ¿Te ha gustado hasta ahora?

— Si. Al principio ha sido un poco aburrido, pero he oído buenos comentarios sobre él, y ahora me está gustando.

— ¡Mira! Compré otro libro para tu cumpleaños.

— Gracias. Eres el mejor hermano del mundo.

— ¡Lo sé! Tengo que volver al trabajo; nos vemos el viernes.

— ¡Adiós, nos vemos!

English

— Hello, Sister. What are you doing?

— Hi, brother. I am reading a book that I bought yesterday.

— What is the name of the book?

— The book is called 1984

— Are you a British writer?

— No, he was born in India.

— What is it about?

— Well, talk about things that can be related to the present

— I see. Have you liked it so far?

— Yes. At first, it was a bit boring, but I have heard good comments about it, and now I like it.

— Look! I bought another book for your birthday.

— Thank you. You are the best brother in the world.

— I know! I have to return to work; see you on Friday.

— Goodbye, see you later!

Travels — Viajes

Diálogo 8

Español

— Disculpe, señora, ¿puede ayudarme? estoy perdida
— Sí, claro que sí, ¿a dónde necesitas llegar?
— Necesito llegar a esta dirección, es el hotel donde debo quedarme
— Okay, está a un poco más de una hora de aquí
— Ay no, creí que sería más cerca del aeropuerto
— Lo es, pero siempre hay mucho trafico
— Ahh, entiendo. Y dígame ¿cómo puedo llegar?
— Pues... sigues esta misma avenida y al pasar 9 semáforos cruzas a la izquierda. Sería mucho mejor si pides un taxi.
— Si, pienso lo mismo
— El aeropuerto tiene taxis al servicio, solicita uno
— Es haré. Muchas gracias señora, es muy amable
— De nada

English

— Excuse me ma'am, can you help me? I'm lost
— Yes, of course, where do you need to go?
— I need to get to this address, it is the hotel where I should stay
— Okay, it's a little over an hour from here
— Oh no, I thought it would be closer to the airport

— It is, but there is always a lot of traffic
— Ahh, I understand. And tell me how can I get there?
— Well... you must follow this same avenue and after passing 9 traffic lights you cross to the left. It would be much better if you order a taxi.
— Yes I think the same
— The airport has taxis at the service, request one
— It is I will. Thank you very much madam, you are very kind
— No problem

Diálogo 9

Español

— Buenos días, quiero pasar una semana de visita aquí y nos gustaría saber los planes turísticos para conocer Seúl

— Buenos días, éste es el mapa de la ciudad. Aquí tenéis todos los puntos de interés turístico. Los diferentes tipos de turismo están clasificados por color, puedes escoger el que guste

— Muchas gracias. ¿Esta es una guía turistica en autobús para ver la ciudad?

— Si, Seúl es una ciudad muy grande y no se puede recorrer a pie. Además, así disfrutaréis del ambiente de la ciudad.

— Bien, yo os recomiendo empezar dando un paseo mañana tremprano. Podemos comenzar con esta zona, muy agradable. Además, vera algunas estructuras antiguas que son fantasticas de admirar

— ¡Qué bien! He visto muchas fotos de edificios así, pero me gustaria verlos con mis propios ojos

— No se arrepentirá, se lo aseguro

— Muchas gracias por la información.

— De nada. Le deseo una bonita estancia en Seúl

English

— Good morning, I want to spend a week visiting here and we would like to know the tourist plans to know Seoul

— Good morning, this is the map of the city. Here you have all the tourist attractions. The different types of tourism are classified by color, you can choose the one you like

— Thanks a lot. Is this a tourist guide by bus to see the city?

— Yes, Seoul is a very big city and you cannot get around on foot. In addition, this way you will enjoy the atmosphere of the city

— Well, I recommend you start taking a walk early tomorrow. We can start with this area, very nice. Also, you will see some ancient structures that are fantastic to admire

— How good! I have seen many photos of buildings like this but I would like to see them with my own eyes

— You will not regret it, I assure you

— Thank you very much for the information

— No problem. I wish you a nice stay in Seoul

Diálogo 10

Español

- Buenos días, ¿en qué puedo ayudarle?
- Hola, buenos días, ¿sabe dónde está el Aquárium?
- Sí, sí. Está a unas cuadras, cerca del centro comercial
- ¿Cómo puedo ir desde aquí?
- Es muy fácil. Sale de aquí y la primera calle gira a la derecha. Luego, sigue todo recto hasta el final de la calle y allí verá el centro comercial, y al lado está el Aquárium.
- Vale, muchas gracias. ¿Puedo hacer otra pregunta?
- Si, por supuesto, dígame
- ¿Qué horario tiene? ¿Abre todos los días?
- Sí, está abierto todos los días de la semana. De lunes a viernes, de 9:30 de la mañana a 8 de la noche. Los fines de semana y los festivos cierra un poco más tarde, a las 9:30.
- ¡Qué bien! ¿Y cuánto cuesta la entrada?
- Pues eso depende. Para los adultos, 20 dólares.
- ¿Los niños también pagan lo mismo?
- No, no, la entrada para los niños de cinco a diez años es un poco más barata, cuesta 10 dólares.
- ¿Hay algún descuento?
- Sí, pero solo si compra la entrada por internet.
- ¡Ah, vale! ¿Sabe si hay restaurante o cafetería dentro del Aquárium?

- Sí, sí, hay un restaurante tipo self service, una tienda para comprar recuerdos, y taquillas para dejar las cosas.
- Muchas gracias por la información.
- De nada. Espere, justo aquí tengo un folleto con toda la información del Aquárium y otros lugares de interés de la ciudad.
- Es usted muy amable, gracias.

English

- Good morning, how can I help you?
- Hello, good morning, do you know where the Aquarium is?
- Yes. It's a few blocks, near the mall
- How can I go from here?
- Too easy. Leave here and the first street turns right. Then go straight to the end of the street and there you will see the shopping center, and next to it is the Aquarium.
- Okay thank you very much. May I ask another question?
- Yes, of course, tell me
- What are your hours? Opens every day?
- Yes, it is open every day of the week. Monday to Friday, from 9:30 in the morning to 8 at night. On weekends and holidays it closes a little later, at 9:30 p.m.
- How good! And how much does the entrance cost?
- Well that depends. For adults, $ 20.
- Do children also pay the same?

- No, no, the ticket for children from five to ten years old is a little cheaper, it costs $ 10.
- Is there any disccount?
- Yes, but only if you buy the ticket online.
- Ah okay! Do you know if there is a restaurant or cafeteria inside the Aquarium?
- Yes, yes, there is a selfservice restaurant, a shop to buy souvenirs, and lockers to leave things.
- Thank you very much for the information.
- No problem. Wait, right here I have a brochure with all the information about the Aquarium and other places of interest in the city.
- You are so kind thank you.

Diálogo 11

Español

- Hotel San Esteban, ¿en qué podemos ayudarte?
- ¡Hola! Me gustaría saber el precio de una habitación individual, por favor.
- Treinta $ 18 por noche
- ¿El desayuno está incluido?
- Si, el desayuno está incluido.
- Ok, entonces quiero una habitación individual por 1 semana
- ¿Cuándo quieres tu reserva?
- Del martes 22 de noviembre al sábado 28 de noviembre
- Serán $ 126, ¿con qué nombre debo hacer esta reserva?
- A nombre de David Mendoza
- Okay. Se ha realizado su reserva. Puede pagar a su llegada. ¡Te veo pronto!
- ¡Muchas gracias! ¡Adiós!
- ¡Adiós!

English

- San Esteban Hotel, how can we help you?
- Hello! I would like to know the price of a single room, please.
- Thirty $ 18 per night
- Is breakfast included?
- Yes, breakfast is included.
- Ok, then I want a single room for 1 week

- When would you like your reservation?
- From Tuesday, November 22 to Saturday, November 28
- That will be $ 126 under what name should I make this reservation?
- On behalf of David Mendoza
- Ok. Your reservation has been made. You can pay upon arrival. See you soon!
- Thank you very much! Bye!
- Bye!

Food — Comida

Diálogo 12

Español

- Buenas noches, ¿quiere la carta o el menú del día?
- Muchas gracias. ¿Podría traerme un poco de agua, por favor?
- Perfecto. Un momento Unos minutos después Aquí tiene, caballero. ¿Ya sabe lo que quiere pedir de primero?
- Muy bien. ¿Puede pasarme el menú, por favor?
- Sí, tráigame un poco de queso y jamón, por favor.
- Muy bien, ¿y de segundo?
- De segundo me gustaría tomar la merluza a la vizcaína.
- Camarero, por favor. Me gustaría pedir un postre. ¿Qué me recomienda?
- Tenemos helado y una tarta de queso especialidad de la casa.
- Aquí tiene. ¿Quiere pedir algo de aperitivo?
- Sí, quiero una ensalada vegetal.
- Aquí tiene.
- La carta, por favor.
- Ah, pues entonces tráigame la tarta. Y también la cuenta, si es tan amable.
- Aquí tiene, señor. ¿Quiere pagar en efectivo o con tarjeta?
- Con tarjeta.
- Aquí tiene la máquina, caballero. Introduzca su número PIN.

— Muchas gracias. Y felicite al cocinero de mi parte. Está todo muy rico.

— Así lo haré, señor. Muchas gracias por su visita. Esperamos tenerle con nosotros pronto.

English

— Good evening, do you want the menu or the menu of the day?

— Thanks a lot. Could I have some water, please?

— Perfect. Wait a minute A few minutes later Here you are, sir. Do you already know what you want to order first?

— Very well. Can I have the menu, please?

— Yes, bring me some cheese and ham, please.

— Very good, and second?

— Second, I would like to have hake a la Vizcaína.

— Waiter, please. I'd like to order dessert. What do you recomend?

— We have ice cream and a house specialty cheesecake.

— Here you go. Would you like to order an aperitif?

— Yes, I want a vegetable salad.

— Here you go.

— The letter please.

— Ah, well then bring me the cake. And the bill too, if you'll be so kind.

— Here you go sir. Do you want to pay in cash or by card?

— With card.

— Here's the machine, sir. Enter your PIN number.

- Thanks a lot. And congratulate the cook for me. It is all very tasty.
- I will, sir. Thank you for your visit. We hope to have you with us soon.

Diálogo 13

Spanish

- Hola, bienvenidos ¿qué les sirvo?
- Para comenzar, a mí un poco de agua, muy fría, por favor.
- Y a mí una Coca-Cola y... ¿Qué postres tiene?
- Tenemos pasteles, dulces, yogur, helados, donas...
- Queremos traernos agua, coca cola y un par de donas, gracias...
- Gracias
- ¿Y de platos?
- Hay una gran variedad, en la cartilla de menú están muy detallada, permítame ofrecerle una
- Perfecto, gracias.
- Yo quiero la sopa de pollo y un plato de carne con ensalada.
- Lo mismo para mí
- ¿Algo más?
- No, no, gracias. Nada más. Por ahora ya está bien.
- Aquí está su comida
- Está muy deliciosa, la cuenta por favor
- Son 40 dólares señor, efectivo o tarjeta?
- Efectivo, quédese con el cambio, gracias.
- Muchas gracias a usted, señor, vuelva pronto.

English

- To begin, a little water for me, very cold, please.
- And me a CocaCola and... What desserts do you have?

- We have cakes, sweets, yogurt, ice cream, donuts…
- We want to bring us water, coke and a couple of donuts, thank you.
- Thank you
- And what about dishes?
- There is a great variety, in the menu primer they are very detailed, let me give you a
- Perfect, thanks.
- I want chicken soup and a meat dish with salad.
- The same for me
- anything else?
- No no thanks. Nothing else. For now it's okay.
- Here's your food
- It's very delicious, the bill please
- Is it 40 dollars sir, cash or card?
- Cash, keep the change, thanks.
- Thank you very much sir, come back soon.

Beauty — Belleza

Diálogo 14

Español

- Tu piel es demasiado hermosa
- Ah, muchas gracias
- ¿Qué haces para tener una piel así?
- Tengo una rutina muy larga y estricta rutina de cuidados de la piel
- ¿Podrías contarme tus secretos?
- Por supuesto
- Déjame sacar papel y lápiz
- Vale. Primero que todo cada mañana lavo mi rostro al despertar, jamás uses tus manos es mejor que uses una esponja especial que este muy limpia, debes asegurarte de eso.
- Vaya, siempre limpiaba mi cara con mis manos
- No hagas eso, tus poros puedes absorber las bacterias de tus manos. Puedes lavarte las manos primero pero aun así usa una esponja limpia.
- De acuerdo, lo haré
- Cada vez que voy a usar maquillaje uso un protector, cuando voy a salir uso protector solar, y siempre remuevo el maquillaje y hago la misma rutina de limpieza antes de ir a dormir. La hidratación de la piel es muy importante y también tomar mucha agua.

- Yo jamás hago esas cosas
- Bien, luego puedes usar mascarillas de limpieza fácil de 10 minutos puedes comprarlas en línea o hacerlas tu misma
- ¿Cómo puedo hacerlas?
- De hecho puedes seguir mi blog allí está toda la información
- Perfecto, muchas gracias

English

- Your skin is too beautiful
- Ah, thank you very much
- What do you do to have skin like this?
- I have a very long and strict skincare routine
- Could you tell me your secrets?
- Of course
- Let me get a pencil and paper
- Voucher. First of all, every morning I wash my face when I wake up, never use your hands, it is better to use a special sponge that is very clean, you must make sure of that.
- Wow, I always cleaned my face with my hands
- Don't do that, your pores can absorb bacteria from your hands. You can wash your hands first but still use a clean sponge.
- OK I will do it
- Every time I go to use makeup I use a protector, when I go out I use sunscreen, and I always remove my makeup and do the same cleaning routine before going to sleep. The hydration of the skin is very important and also drink plenty of water.

- I never do those things
- Well then you can use 10 minute easy cleaning masks you can buy them online or make them yourself
- How can I do them?
- In fact you can follow my blog there is all the information
- Perfect, thank you very much

Diálogo 15

Español

- Cliente: Hola, buenos días
- Barbero: Buenos días Señor. ¿Viene por un corte de cabello o para su barba?
- Cliente: Ambos. Ha pasado un tiempo y ya mi cabello está muy largo. Parezco Tarzan pero mas peludo ¿no cree?
- Barbero: Jaja, creo que exagera pero le haremos un excelente corte, espere un momento por favor...
- Cliente: Por supuesto
- Barbero: Siéntese aquí. ¿El mismo corte de siempre?
- Cliente: Estaba pensando en tener el cabello más corto y tal vez hace algo diferente con la barba
- Barbero: ¿qué le parece esto?
- Cliente: Exactamente, algo así es lo que quiero

English

- Client: Hello, good morning
- Barber: Good morning Sir. Are you coming for a haircut or for your beard?
- Client: Both. It's been a while and my hair is already very long. I look like Tarzan but hairier, don't you think?
- Barber: Haha, I think he is exaggerating but we will give him an excellent cut, wait a moment please...
- Client: Of course
- Barber: Sit here. The same old cut?

- <u>Client</u>: I was thinking of having shorter hair and sometimes he does something different with the beard
- <u>Barber</u>: how about this?

<u>Client</u>: Exactly, something like that is what I want

Phone Conversations — *Conversaciones telefónicas*

Diálogo 16

Español

- Hola
- Hola, amigo, ¿qué tal?
- Muy bien, ¿tienes planes hoy?
- No, la verdad es que no estoy aburrido en casa
- ¿Y tú qué piensas hacer?
- Nada, te llamaba para que hagamos algo y salgamos un rato.
- Seguro, ¿pasas por mí en tu auto?
- Claro, pasare por ti a las 8
- ¿Llamaste a los demás?
- No, te llamé a ti primero, llama tu también a los chicos que yo voy a planear todo
- Okay viejo, nos vemos

English

- Hi
- Hello friend, how are you?
- All right, do you have plans today?
- No, the truth is that I'm not bored at home
- And what are you planning to do?
- Nothing, I was calling you to do something and hang out for a while.
- Sure, can you pick me up in your car?

- Sure, I'll pick you up at 8
- Did you call the others?
- No, I called you first, you also call the boys that I'm going to plan everything
- Okay man, see ya

Diálogo 17

Español

- Estabas durmiendo ¿no?
- Si, ¿se me nota?
- Si, tu ojos no están bien abiertos, enciende la luz, no te veo bien
- Espera un momento... Dime ¿que sucede?
- Necesito que me ayudes a estudiar para el examen, ¿puedes ayudarme?
- ¿Ahora?
- No, ¿puedes mañana?
- Seguro, mañana temprano voy a tu casa
- Te espero entonces, sigue durmiendo
- Okay, adios

English

- You were sleeping weren't you?
- Yes, does it show?
- Yes, your eyes are not wide open, turn on the light, I do not see you well
- Wait a minute... Tell me what happens?
- I need you to help me study for the exam, can you help me?
- Now?
- You can not tomorrow?
- Sure, I'm going to your house early tomorrow
- I wait for you then, keep sleeping

— Ok goodbye

Diálogo 18

Español

- ¿Hola?
- Hola, ¿Quién es?
- Hola, soy Alfredo ¿cómo estás?
- Bien, gracias. ¿Podría hablar con Juan? No consigo la forma de comunicarme él, no contesta su teléfono.
- Sí, me dijo que su teléfono se quedó sin batería, un momento.
- Muchas gracias.
- De nada.

English

- Hello?
- Hi who is this?
- Hi, I'm Alfredo, how are you?
- Well thanks. Could I speak to Juan? I can't find a way to communicate with him, he doesn't answer his phone.
- Yes, he told me that his phone ran out of battery, wait.
- Thanks a lot.
- No problem.

Diálogo 19

Español

- Buenos días, ¿este es el número de Carlos?
- Buenos días. Sí, él habla. ¿Quién es?
- Buen día, señor, es de la compañía a la cual solicito empleo.
- Si si, dígame ¿Qué sucede?
- Hemos revisado su solicitud, y su currículo es muy bueno. Le ofrecemos un prueba y una entrevista para obtener un puesto importante en nuestra compañía. ¿puede enviarme los días libres de su agenda para programar la cita?
- Toda esta semana estaré libre.
- ¿Le parece si hacemos la reunión pasado mañana?
- Si, está bien para mí.
- Perfecto, ¿Qué horario es más conveniente para usted? ¿por la mañana o la tarde?
- En la mañana está bien.
- Okay, enviaré toda la información a su correo electrónico
- Está bien, gracias.
- Hasta luego, señor.

English

- Good morning, is this Carlos's number?
- Good Morning. If he talks. Who?
- Good morning sir. It is from the company I am applying to.
- Yes, tell me what happens?

- We have reviewed your application, and your resume is very good. We offer you a test and an interview to get an important position in our company. Can you send me the days off from your agenda to schedule the appointment?
- This whole week I'll be free.
- Would you like to do the meeting the day after tomorrow?
- Yes, it's good for me.
- Perfect, what time is more convenient for you? In the morning or afternoon?
- In the morning it's fine.
- Okay, I will send all the information to your email
- Ok thank you.
- Goodbye Sir.

Health — Salud

Diálogo 20

Español

- Doctor: Mi nombre es Martin y soy su médico. ¿Cómo estás?
- Paciente: No muy bien, me duele la cabeza.
- Doctor: Ya veo. ¿Y cuál es tu nombre?
- Paciente: Martin Arrieta
- Doctor: ¿Desde cuándo le duele la cabeza?
- Paciente: No lo recuerdo la verdad, desde hace un tiempo tengo constante dolores de cabeza
- Doctor: ¿Ha sufrido algún golpe?
- Paciente: No, no me he golpeado la cabeza
- Doctor: ¿Se siente mareado... estresado por algo... ve bien?
- Paciente: Creo que he estado muy estresado
- Doctor: ¿Cuál es su trabajo?
- Paciente: Trabajo en una editorial
- Doctor: Ahh, es decir que está leyendo constantes
- Paciente: Si, así es
- Doctor: Vamos a realizar unas pruebas, pero creo que usted tiene cefalea tensional puedes que necesite usar anteojos
- Paciente: Entiendo

English

- <u>Doctor</u>: My name is Martin and I am your doctor. How are you?
- <u>Patient</u>: Not very well, my head hurts.
- <u>Doctor</u>: I see. And what is your name?
- <u>Patient</u>: Martin Arrieta
- <u>Doctor</u>: Since when does your head hurt?
- <u>Patient</u>: I do not remember the truth, since a while ago I have had a constant headache
- <u>Doctor</u>: Have you suffered a blow?
- <u>Patient</u>: No, I did not hit my head
- <u>Doctor</u>: Are you feeling dizzy... stressed about something... looking good?
- <u>Patient</u>: I think I have been very stressed
- <u>Doctor</u>: what do you work on?
- <u>Patient</u>: I work in a publishing house
- <u>Doctor</u>: Ahh, that is to say that he is reading constantly
- <u>Patient</u>: Yes, that's right
- <u>Doctor</u>: We are going to do some tests, but I think you have tension headache you may need to wear glasses
- <u>Patient</u>: I understand

Work — Trabajo

Diálogo 21

Español

- Hola, quería preguntarte algo.
- Sí, dime
- Actualmente estoy buscando un nuevo trabajo. Y pensé que tal vez sabes qué
- Oh. No, desafortunadamente no. ¿Y tu antiguo trabajo?
- Desafortunadamente, algunos empleados fueron despedidos.
- ¿Descartar? ¿Cómo?
- Porque el negocio no va bien. Entonces, los empleados que no habían estado en la empresa durante tanto tiempo fueron despedidos.
- ¿Es así como funciona?
- No, tampoco fue así. Recibí una buena indemnización.
- ¿Qué es una indemnización por despido?
- Una indemnización por despido es dinero para no quedarme sin ingresos de la noche a la mañana.
- Ajá ya veo. ¿Entonces también estas buscando trabajo?
- Me gustaría trabajar en marketing. En los últimos años me he especializado principalmente en marketing en redes sociales.
- ¿Y quieres trabajar a tiempo completo?
- No, lamentablemente no puedo trabajar a tiempo completo porque tengo tres hijos. Pero a tiempo parcial sería genial.

- Entonces puedo trabajar por la mañana y cuidar de la familia por la tarde.
- ¿Tiene otras restricciones?
- Desafortunadamente, no tengo automóvil, por lo que sería bueno si pudiera usar el transporte público para ir al trabajo. De lo contrario, todo es realmente flexible. El dinero no es tan importante para mí. Por supuesto, espero tener buenos colegas, pero eso solo se hará evidente más adelante cuando trabajes allí.
- Tengo una idea. Un amigo mío trabaja en una empresa bastante grande y recientemente dijo que no hacen lo suficiente en Facebook y demás.
- ¡Oh, eso sería genial! ¿Podrías preguntarle si puedo presentarme?
- ¡Lo haré! Envíeme su solicitud especulativa por correo electrónico y se la pasaré.
- Con placer. ¡Te agradezco mil veces!
- No hay problema. ¡Adiós, nos vemos pronto!

English

- ¡Adiós por ahora!
- Hi, I wanted to ask you something.
- Yes, tell me
- I am currently looking for a new job. And I thought maybe you know what
- Oh. No, unfortunately not. And your old job?
- Unfortunately, some employees were laid off.

- Discard? How?
- Because business is not going well. So, employees who had not been with the company for so long were fired.
- Is this how it works?
- No, it wasn't like that either. I received a good compensation.
- What is severance pay?
- Severance pay is money so that I won't run out of income overnight.
- Aha I see. So you are also looking for work?
- I would like to work in marketing. In recent years I have specialized mainly in social media marketing.
- And do you want to work full time?
- No, unfortunately I cannot work full time because I have three children. But part time would be great. So I can work in the morning and take care of the family in the afternoon.
- Do you have any other restrictions?
- Unfortunately, I don't have a car so it would be nice if I could use public transportation to get to work. Otherwise everything is really flexible. Money is not that important to me. Of course, I hope to have good colleagues, but that will only become apparent later when you work there.
- I have an idea. A friend of mine works at a pretty big company and recently said they don't do enough on Facebook and such.
- Oh that would be great! Could you ask if I can introduce myself?
- I will do it! Email me your speculative request and I'll pass it on to you.

- With pleasure. I thank you a thousand times!
- No problem. Goodbye for now!
- Bye, see you soon!

Dialogo 22

Español

- ¡Hola!
- ¡Oh, hola, Joe! Qué sorpresa ¿a qué has venido?
- Quería visitarte.
- Eso me complace, pasa.
- Gracias.
- ¿Qué estás haciendo aquí, en la ciudad?
- Estoy en una universidad en la ciudad. Estudio aquí, soy estudiante de leyes.
- ¿En serio? Eso es genial.
- Sí, creo que de vez en cuando podré visitarte.
- ¡Ah! ¿Y qué tal es estudiar leyes?
- Bueno, la universidad es un gran cambio, no es como cuando estábamos en la secundaria. Ya no somos unos niños. Además de eso, también he elegido un curso de estudio. Estoy aprendiendo sobre programación, inglés y otros temas.
- ¿Y por qué estás aprendiendo eso?
- ¡Para mi futuro trabajo! Por ejemplo, si quiero ser profesor, o si quiero trabajar en una oficina, creo que son conocimientos que serán útiles para mí. Luego aprendo todo lo que necesito para este trabajo. Al final, haré un examen. Entonces solo puedo trabajar en esta profesión. También puedo trabajar en la universidad yo mismo y convertirme en conferenciante o profesor.

— Es bastante complicado.
— ¿Tú estudias todos los días?
— No, a veces tengo descansos semestrales. Cada año tiene dos semestres. Un semestre de invierno y un semestre de verano. Las conferencias tienen lugar durante este tiempo. Y los seminarios son grupos de trabajo con menos estudiantes. Algunos seminarios son obligatorios, al igual que algunas conferencias. Tengo que sumar más puntos. Esto significa que tengo que asistir a un cierto número de conferencias y seminarios para obtener certificados. Solo si tengo estos certificados puedo graduarme más tarde. Tengo un semestre de descanso entre semestres.
— Suena complicado ¿Y desde cuándo estas aquí?
— Desde hace un par de años. Solo me queda un año en la universidad.
— ¿Por qué no habías venido antes?
— Es que no tenía tu número de teléfono o dirección. Y también he estado ocupado. Discúlpame.
— Tranquilo, ¿Y trabajas o solo estudias?
— Trabajo principalmente durante las vacaciones. Porque tengo que ganar dinero para poder pagar mi residencia de estudiantes, pero tengo un trabajo de medio tiempo en una cafetería, los fines de semana.
— Me alegra saber eso. Oye, yo tengo hambre, ¿quieres algo?
— Si, vamos a la cafetería, yo invito.
— Vamos.

English

- Hi!
- Oh hi Joe! What a surprise, what have you come for?
- I wanted to visit you.
- That pleases me, it happens.
- Thank you.
- What are you doing here in the city?
- I am at a university in the city. I study here, I am a law student.
- Really? That's great.
- Yes, I think that from time to time I will be able to visit you.
- Ah! And what is it like to study law?
- Well college is a big change, it's not like when we were in high school. We are no longer children. Besides that, I have also chosen a course of study. I am learning about programming, English and other subjects.
- And why are you learning that?
- For my future job! For example, if I want to be a teacher, or if I want to work in an office, I think they are knowledge that will be useful to me. Then I learn everything I need for this job. In the end, I will take an exam. So I can only work in this profession. I can also work at the university myself and become a lecturer or professor.
- It is quite complicated.
- You study everyday?
- No, sometimes I have semester breaks. Each year has two semesters. One winter semester and one summer semester.

Conferences take place during this time. And the seminars are working groups with fewer students. Some seminars are mandatory, as are some conferences. I have to score more points. This means that I have to attend a certain number of conferences and seminars to obtain certificates. Only if I have these certificates can I graduate later. I have a semester off between semesters.

- It sounds complicated and since when are you here?
- For a couple of years. I only have one year left in college.
- Why didn't you come before?
- I didn't have your phone number or address. And I've also been busy. Excuse me.
- Relax, and do you work or just study?
- I work mainly during the holidays. Because I have to earn money to pay for my student residence, but I have a parttime job at a cafeteria, on the weekends.
- I'm glad to hear that. Hey, I'm hungry, do you want something?
- Yes, we go to the cafeteria, I invite.
- Let's go.

Diálogo 23

Español

- Buenos días, señorita Díaz.
- Buenos días, Señor Smith, encantada de conocerlo. Siéntese aquí, por favor.
- Igualmente, y gracias por recibirme
- Señorita Díaz, ¿qué me puede contar sobre usted?
- En primer lugar, soy profesora y traductora. Llevo tres años enseñando español como lengua extranjera y hace poco he terminado mi formación en traducción.
- Entiendo... ¿y qué objetivos a corto plazo tiene en lo profesional?
- Quiero dejar de enseñar un tiempo para trabajar de traductor a tiempo completo. Hasta ahora he tenido buenas experiencias trabajando en traducción.
- ¿Me podría hablar más de estas experiencias?
- Por supuesto. He trabajado con la traducción de libro digitales, e información de marketing y periodismo.
- ¿Por qué cree que usted es la candidata ideal para este puesto?
- Soy muy meticulosa, y me gusta trabajar bien. Además, como profesora he adquirido mucha experiencia y puedo manejar muchas situaciones.
- ¿Y cuáles son sus defectos?

- Puedo llegar a ser demasiado perfeccionista, pero estoy trabajando en ello y adaptándome a entregar en el menor tiempo posible y perfecto.
- ¿Estaría dispuesto a hacer una prueba de traducción?
- Por supuesto.
- Siga a la secretaria.

English

- Good morning, Miss Diaz.
- Good morning Mr. Smith, nice to meet you. Sit here, please.
- Likewise, and thank you for having me
- Miss Diaz, what can you tell me about yourself?
- First of all, I am a teacher and a translator. I have been teaching Spanish as a foreign language for three years and have recently finished my translation training.
- I understand ... and what short-term goals do you have professionally?
- I want to stop teaching for a while to work as a full-time translator. So far I have had good experiences working in translation.
- Could you tell me more about these experiences?
- Of course, I have worked with digital book translations, marketing information and journalism.
- Why do you think you are the ideal candidate for this position?
- I am very meticulous, and I like to work well. Also, as a teacher I have gained a lot of experience and can handle many situations.

- And what are its flaws?
- I can be too perfectionist, but I am working on it and adapting to deliver in the shortest time possible and perfect.
- Would you be willing to take a translation test?
- Of course.
- Follow the secretary.

Thank my Lord.

Airport — *Aeropuerto*

Diálogo 24

Español

- Persona 1: Hola buenos días. ¿Cómo puedo ayudarte?
- Persona 2: ¡Hola! Tenemos un vuelo a Roma y sale en 1 hora. ¿Podría decirnos dónde podemos hacer el check-in?
- Persona 1: ¿Cuál es su número de vuelo?
- Persona 3: IA431. Sale en 2 horas desde la terminal 1.
- Persona 1: ¡Ah! ¡Sí! Puede comprobarlo en el mostrador 10, señora.
- Persona 2 y 3: Gracias.

  Caminan hacia el mostrador 10
- Agente: Hola. ¿Puedo ver sus pasaportes y boletos por favor?

  La Persona 2 y la Persona 3 entregan sus pasaportes y boletos
- Agente: ¿Alguno de ustedes tiene alguna maleta que necesiten facturar?
- Persona 2: Sí, en realidad tenemos dos maletas.
- Agente: El peso máximo que se permite en el check-in es de 15kgs. ¿cada maleta pesa menos de 15 kg?
- Persona 2: Sí.
- Agente: Ponga su equipaje en la báscula por favor.
- Persona 2: Aquí tienes. Oh! Pesa poco menos de 15 kg. Excelente.

- Agente: De acuerdo. ¿qué asientos prefieren? ¿los asientos en el pasillo o cerca de la ventana?
- Persona 3: Mmm. Ventana por favor. Me gusta mirar las nubes.
- Agente: Perfecto. Les he dado asientos al lado de las alas.
- Persona 3: Usted muy amable. Lo apreciamos ¡Gracias!
- Agente: ¡No hay de que! Aquí están tarjetas de embarque. ¡Buen vuelo!

English

- Person 1: Hello, good morning. How can I help you?
- Person 2: Hello! We have a flight to Rome and it leaves in 1 hour. Could you tell us where we can check-in?
- Person 1: What is your flight number?
- Person 3: IA431. It leaves in 2 hours from terminal 1.
- Person 1: Ah! Yes! You can check at counter 10, ma'am.
- Person 2 and 3: Thank you.
  They walk to counter 10
- Agent: Hi. Can I see your passports and tickets please?
  Person 2 and Person 3 hand over their passports and tickets
- Agent: Do any of you have any luggage that you need to check in?
- Person 2: Yes. We actually have two suitcases.
- Agent: The maximum weight allowed at check in is 15kgs. Does each suitcase weigh less than 15 kg?
- Person 2: Yes.
- Agent: Put your luggage on the scale, please.

- Person 2: Here you go. Oh! It weighs just under 15 kg. Excellent.
- Agent: Okay. What seats do you prefer? The aisle seats or near the window?
- Person 3: Mmm. Window please. I like to look at the clouds.
- Agent: Perfect. I've given you seats next to the wings.
- Person 3: You very kind. We appreciate it. Thank you!
- Agent: No need to! Here are boarding passes. Good flight!

Diálogo 25

Español

- Persona 1: Hola. ¿Puedo ver sus pasaportes, por favor?
- Persona 2: Aquí están
- Agente: ¿Es su primera visita a Roma?
- Persona 3: Sí señor así es.
- Agente: ¿Cuál es el propósito de su visita?
- Persona 2: Vacaciones.
- Agente: ¿Puedo ver sus boletos de regreso, por favor?
- Persona 3: Si. Un segundo por favor. Está en mi bolso.
- Agente: Tómate tu tiempo.
- Persona 3: Aquí tienes.
- Agente: Está bien. ¿Tienes algo que declarar?
- Persona 2: Compré algunas cosas en la tienda libre de impuestos. Pero... ¿Tendría que declarar eso?
- Agente: ¿Puedo verlo?
- Persona 2: Si, por supuesto, un momento... Aquí está.
- Agente: Todo bien, puedes llevar eso. No hace falta declararlo.
- Persona 2: Gracias. ¿Podemos llevar dos botellas de vino y una pieza de queso?
- Agente: Generalmente, puede llevar dos o tres botellas de alcohol. Podrías comprar algunos en la tienda libre de impuestos dentro del aeropuerto pero no puede llevarlos con su equipaje de mano sino en su equipaje facturado. Recuerde comprobar la cantidad máxima que puede llevar antes de comprar. ¿Algo más?

- Persona 3: No, eso es todo. Gracias.
- Agente: Que tengas una agradable estancia en Roma.

English

- Agent: Hello. May I see your passports, please?
- Person 2: Here they are
- Agent: Is this your first visit to Rome?
- Person 3: Yes sir it is.
- Agent: What is the purpose of your visit?
- Person 2: Vacation.
- Agent: May I see your return tickets, please?
- Person 3: Yes. A second, please. It's in my bag.
- Agent: Take your time.
- Person 3: Here you go.
- Agent: Okay. Do you have something to declare?
- Person 2: I bought some things at the duty free store. But ... would I have to declare that?
- Agent: Can I see it?
- Person 2: Yes, of course, wait ... Here it is.
- Agent: All good, you can wear that. It is not necessary to declare it.
- Person 2: Thank you. Can we bring two bottles of wine and a piece of cheese?
- Agent: Generally, you can carry two or three bottles of alcohol. You could buy some in the duty free shop inside the airport but you cannot take them with your hand luggage but in your

checked luggage. Remember to check the maximum amount you can carry before buying. Anything else?
- <u>Person 3:</u> No, that's it. Thank you.
- <u>Agent:</u> Have a nice stay in Rome.

Diálogo 26

- Azafata: ¿Qué le gustaría comer?
- Cliente 1: ¿Qué tienes?
- Azafata: Pollo con ensaladas, pasta, carne de res y puerco.
- Cliente 1: Me gustaría el pollo.
- Cliente 2: Me gustaría lo mismo
- Azafata: ¿Y de beber?
- Cliente 2: ¿Tienes Coca-Cola?
- Azafata: Sí ¿normal o light?
- Cliente 2: Normal.
- Cliente 1: Yo solo quiero un poco de agua, por favor.
- Azafata: Aquí tienen su comida. Una Coca-Cola y una botella de agua. Disfruten de su comida.

English

- Stewardess: What would you like to eat?
- Customer 1: What do you have?
- Stewardess: Chicken with salads, pasta, beef and pork.
- Customer 1: I would like the chicken.
- Customer 2: I would like the same
- Stewardess: What about drinking?
- Customer 2: Do you have CocaCola?
- Stewardess: Yes, normal or light?
- Customer 2: Normal.
- Customer 1: I just want some water, please.

- <u>Stewardess:</u> Here's your food. A CocaCola and a bottle of water. Enjoy your food.

Diálogo 27

Español

- ¡Buenos días Señor!
- ¡Buenos días!
- Su boleto, por favor.
- ¡Ah! ¡claro! Aquí está.
- ¿Cuántas maletas va a facturar?
- Tres bolsas y esta chiquita me la llevo.
- Señor, su equipaje de mano debe caber en la parte superior, en el maletero o debajo del asiento ubicado en la parte delantera.
- Vale. Es muy pequeño y cabe en el maletero.
- Correcto. Puede poner el estuche aquí para pesar. El peso es correcto.
- ¡Genial! Entonces no tengo que pagar por el exceso de peso.
- Señor. Aquí están las etiquetas de equipaje y la tarjeta de embarque. El embarque se realiza en el tercer piso en la puerta 4. Que tengas un buen viaje.
- Por favor, ¿puedes decirme si el avión está a tiempo?
- Sí, lo es. No se preocupe.
- ¡Genial! ¡Gracias!
- ¡De nada!

English

- Good Morning Sir!
- Good Morning!

- Your ticket please.
- Ah! Clear! Here it is.
- How many bags will you check in?
- Three bags and this little one I'll take.
- Sir, your carry-on must fit on top, in the trunk, or under the seat located in the front.
- Valley. It is very small and fits in the trunk.
- Right. You can put the case here for weighing. The weight is correct.
- Great! So I don't have to pay for excess weight.
- Mr. Here are the luggage tags and the boarding pass. Boarding takes place on the third floor at gate 4. Have a nice trip.
- Please can you tell me if the plane is on time?
- Yes it is. Do not worry.
- Great! Thank you!
- No problem!

Dialogo 28

Español

- ¿Por favor, cuánto cuesta un billete de ida y vuelta para Los Ángeles?
- Cuesta $ 600,00.
- Quiero un billete para el vuelo de las 2pm.
- Aquí está. ¿Cuál es la forma de pago?
- Voy a pagar con tarjeta. Aquí está. Me gustaría un asiento en el pasillo, por favor.
- Con gusto. Su asiento es el 22, en la fila C. ¡Gracias y tenga un buen viaje!
- Muchas gracias señorita.

English

- Please, how much is a round trip ticket to Los Angeles?
- It costs $ 600.00.
- I want a ticket for the 2pm flight.
- Here it is. What is the form of payment?
- I will pay by card. Here it is. I'd like an aisle seat, please.
- With pleasure. Your seat is 22, row C. Thank you and have a nice trip!
- Thank you very much Miss.

Diálogo 29

Español

- Vendedor: Buen día señora ¿Cómo está?
- Clienta: ¡Hola! ¡Muy bien! ¿Cómo anda usted? Hace mucho que no vengo por aquí.
- Vendedor: Bien bien, acá andamos… trabajando. ¿Qué va a llevar?
- Clienta: Quiero un paquete de galletitas. Hoy viene mi nieta a visitarme así que le voy a preparar una rica merienda.
- Vendedor: Aquí tiene. Mándele saludos a su nietita, que hace mucho que no se la ve por acá.
- Clienta: Muchas gracias, se los mandaré ¿Cuánto es?
- Vendedor: $3,50.
- Clienta: Sírvase ¡Nos vemos!
- Vendedor: ¡Muchas gracias! Hasta luego

English

- Salesperson: Good morning ma'am. How are you?
- Customer: Hello! Very well! How are you? I haven't been here in a long time.
- Salesperson: Good good, here we are … working. Which will take?
- Customer: I want a package of cookies. Today my granddaughter comes to visit me so I'm going to prepare a delicious snack for her.

- Salesperson: Here you go. Send greetings to your granddaughter, who has not been seen around here for a long time.
- Customer: Thank you very much, I will send them to you. How much is it?
- Salesperson: $ 3.50.
- Customer: Help yourself. See you!
- Salesperson: Thank you very much! Bye

Hairdresser's / Barbershop — Peluquería / Barbería

Diálogo 30

Español

- Hola, buenos días
- Hola ¿qué tal?
- Todo muy bien, hoy tengo que ir a una boda
- Entiendo, ¿quieres peinado, maquillaje?
- Ambas, y también manicure y pedicura por favor
- Perfecto, siéntate por acá. Aquí tienes unas revistas de todo tipo de peinados, escoge cual te gusta
- Estaba buscando algo más sencillo, tal vez el cabello suelto y con hondas
- Sí. Podemos hacer unas luces que quedarían perfectas a tu cabello castaño ¿te parece?
- Sí, me parece bien
- Primero te haremos la decoloración, luego el manicure y pedicura y por último el peinado y el maquillaje
- Suena bien para mí
- ¿Comenzamos?
- Sí, perfecto

English

- Hello good day
- Hello, how are you?

- Excellent, today I have to go to a wedding
- I understand, do you want hairstyle, makeup?
- Both, and also manicure and pedicure please
- Perfect, sit over here. Here you have some magazines of all kinds of hairstyles, choose which one you like
- I was looking for something simpler, maybe wavy loose hair
- Yes. We can make highlights that would be perfect for your brown hair, do you think?
- Yes, that's fine with me
- First we will do the bleaching, then the manicure and pedicure and finally the hairstyle and makeup
- Sounds good to me
- Shall we start?
- Yes, perfect

Diálogo 31

Español

- Buenas tardes. Querría cortarme el pelo. ¿Me pueden atenderme ahora?
- Por supuesto. Siéntese aquí ¿Quiere algún corte en especial?
- Me gustaría un estilo como este
- Vamos a ver... Ah, sí, últimamente me piden mucho este corte de pelo.
- ¿Y cree que me veré bien con este corte?
- Por supuesto que sí, su rostro, su cabeza es perfecta. Tienes la cara ovalada y el flequillo se verá muy bien
- Temía a que no fuese a quedar bien con la forma de mi cabeza
- Es morena y la imagen que me mostro el look es de cabello rubio ¿Va a teñirse el pelo?
- Sí, pero no estoy segura del color. A lo mejor, pelirrojo, ¿Qué piensa?
- Creo que le vendrá mejor un tono más claro al suyo. Como en esta revista. ¿Le gusta este color?
- ¡Muchísimo!

English

- Good afternoon. I would like to cut my hair. Can you help me now?
- Of course. Sit here. Want a special cut?
- I would like a style like this

- Let's see ... Oh yeah, I've been asked a lot for this haircut lately.
- And do you think I'll look good with this cut?
- Of course, her face, her head is perfect. You have an oval face and the bangs will look very good
- I was afraid that it would not fit the shape of my head
- She is brunette and the image that she showed me the look is blonde hair. Are you going to dye your hair?
- Yes, but I'm not sure about the color. Maybe, redhead, what do you think?
- I think a lighter shade will suit yours. Like in this magazine. Do you like this color?
- I loved it!

Transportation — Transporte

Diálogo 32

Español

- ¿Iremos al centro comercial en un taxi o un autobús?
- Yo creo que deberíamos tomar el autobús. Es imposible coger un taxi durante las horas pico. Además podemos ahorrar dinero.
- ¿Y dónde está la parada de autobús?
- A dos calles
- ¿Tiene horario no?
- Sí, el próximo llega en 5 minutos
- Tendremos que correr para atraparlo, de prisa
- De hecho, creo que ya lo perdimos
- No hay problema. Vendrá otro en 20 minutos.

English

- Will we go to the mall in a taxi or a bus?
- I think we should take the bus. It is impossible to take a taxi during rush hours. We can also save money.
- And where is the bus stop?
- Two streets
- Do you have hours?
- Yes, the next one arrives in 5 minutes
- We'll have to run to catch it, hurry
- Actually, I think we already lost it

– No problem. Another will come in 20 minutes.

Diálogo 33

Español

- Pasajero: Buen día señor.
- Chofer: Buen día.
- Pasajero: ¿Sabe dónde está el museo de historia?
- Chofer: Así es. Tomo la avenida principal, no está tan lejos.
- Pasajero: ¡Perfecto! Tomaré el taxi ¿está disponible?
- Chofer: Si, entre
- Pasajero: ¿Cuánto cuesta el pasaje?
- Chofer $6
- Pasajero: Eso está muy bien

English

- Passenger: Good morning sir.
- Driver: Good morning.
- Passenger: Do you know where the history museum is?
- Driver: That's right. I take the main avenue is not that far.
- Passenger: Perfect! I'll take the taxi, is it available?
- Driver: Yes, come in
- Passenger: How much does the ticket cost?
- Driver $ 6
- Passenger: That's very good

Diálogo 34

Español

- ¿A dónde se dirige este autobus?
- Al lado suroeste de la ciudad
- ¡Ay no! Debo bajarme aquí. Leí mal, creí que este autobus iba al lado sureste
- Debes tener más cuidado. Pero tranquilo, en la siguiente parada sale un autobus para el lado sureste de la ciudad cada 15 minutos
- Menos mal. Ya estaba muy asustado
- ¿Eres nuevo en la ciudad no?
- Sí, aún estoy un poco prdido
- Mira, junto a la puerta hay unos folletos del transporte de la ciudad y también hay mapas. Puedes tomar algunos
- Guau, muchas gracias, usted es muy amable.
- No hay por qué

English

- Where is this bus going?
- To the southwest side of the city
- Oh no! I must get off here. I read wrong, I thought this bus was going to the southeast side
- You must be more careful. But don't worry, at the next stop a bus leaves for the southeast side of the city every 15 minutes
- Goodness. I was already very scared
- You're new in town right?

- Yeah I'm still a little lost
- Look, next to the door there are some brochures of the transport of the city and there are also maps. You can take some
- Wow, thank you very much you are very kind.
- You're welcome

Diálogo 35

Español

- Hola, puede llevarme al edificio de las empresas de telecomunicaciones
- Por supuesto, entre
- Tengo mucha prisa, ¿pueden tomar la ruta más rápida, por favor?
- Entendido
- ¿Podemos pasar por una cafetería en el camino?
- En la siguiente cuadra hay una cafetería muy buena y atienden muy rápido... Aquí esta
- Listo, ¿seguimos?
- Me desviaré por aquí, ahorraremos 2 minutos
- Guao, gracias. Voy tarde al trabajo. Usted es el mejor conductor de taxi que he visto jamás
- Gracias
- ¿Puede darme su tarjeta?
- Claro que sí. Llegamos
- ¿Cuánto te debo?
- Solo $7
- Quédese con el cambio, es una propina
- Gracias, buen día

English

- I'm in a hurry, can you take the quicker route please?

- Understood
- Can we stop by a coffee shop on the way?
- In the next block there is a very good cafeteria and they serve very quickly... Here is
- Ready, shall we continue?
- I'll take a detour here, we'll save 2 minutes
- Wow, thanks. I am late to work. You are the best taxi driver I have ever seen
- Thank you
- Can I have your card?
- Of course. We already arrived
- How much do I owe you?
- Only $ 7
- Keep the change, it's a tip.
- Thank you, good day

Diálogo 36

Español

- Necesito llegar a mi casa lo antes posible pero no hay taxis disponible
- ¿Qué tan rápido necesitas llegar?
- en 20 minutos
- Yo puedo llevarte en mi auto pero hay muchísimo tráfico, nos tardaríamos el doble
- Tienes mucha razón
- ¿Por qué no le pides a John que te lleve en su moto? es mucho más fácil y rápido
- Cierto, voy a llamarlo

English

- I need to get home as soon as possible but there are no taxis available
- How fast do you need to get there?
- in 20 minutes
- I can take you in my car but there is a lot of traffic, it would take twice as long
- You are very right
- Why don't you ask John to take you on his motorcycle? it is much easier and faster
- Yeah, I'm going to call him right now

School — Escuela

Diálogo 37

Español

- Alumno: Profesora ¿Cuándo será el examen?
- Profesora: La mañana
- Alumno: ¡¿Qué?! ¡No lo sabía! Creí que sería la próxima semana
- Profesora: Lo dije la semana pasada. También pedí un informe y deben entregar hoy ¿Lo hiciste?
- Alumno: ¡Es que estuve enfermo!
- Profesora: Cuando uno falta a clase, debe pedir los deberes a sus compañeros ¡Este tema ya lo hablamos a principio de año!
- Alumno: Si ya sé, me olvidé. Perdón. Ya le voy a pedir a los chicos sus cuadernos ¡Adiós!
- Profesora: ¡Adiós! Estudie mucho.

English

- Student: Teacher When will the exam be?
- Teacher: The morning
- Student: What?! I did not know, I did not know it! I thought it would be next week
- Teacher: I said it last week. I also asked for a report and they must deliver today. Did you?
- Student: I was sick!

- Teacher: When you miss class, you should ask your classmates for their homework. We already talked about this at the beginning of the year!
- Student: Yes, I know, I forgot. Sorry. I'm going to ask the boys for their notebooks. Goodbye!
- Teacher: Bye! I studied a lot.

Diálogo 38

Español

- Oye, ¿estudiaste para el examen?
- Sí, ¿y tú?
- Sí, pero...
- ¿No estás preparado verdad?
- No, en lo absoluto
- Yo tampoco, está muy difícil
- Muchísimo. Estudia toda la semana e hice mi máximo esfuerzo pero estoy realmente nervioso
- Me pasa lo mismo. Estudie mucho y aun así no me siento listo, no me siento confiado de que estudie lo suficiente
- No sé si es porque estamos ansiosos y estresados pero realmente estoy muy nervioso
- Sí, nuestra calificación final depende de este examen
- No sé qué hacer.
- ¿Quieres copiarte?
- No, se si podría hacerlo, eso me pondría aún más nervioso y podrían descubrirme
- Lo que podemos hacer es repasar juntos un poco más, ¿tienes los libros?
- No, tengo mis apuntes
- Yo olvide mi cuaderno y libros en casa, ¿Me prestas los tuyos?
- Sí, claro que sí
- Gracias, amigo

English

- Hey, did you study for the test?
- Yes, and you?
- Yes but ...
- You are not prepared right?
- Not at all
- Me neither, it's very difficult
- Very much. Study all week and I did my best but I'm really nervous
- The same happens to me. I studied hard and still I don't feel ready, I don't feel confident that I study enough
- I don't know if it's because we're anxious and stressed but I'm really very nervous
- Yes, our final grade depends on this exam
- I do not know what to do.
- Do you want to copy yourself?
- No, I know if I could do it, that would make me even more nervous and they could discover me
- What we can do is go over together a little more, do you have the books?
- No, I have my notes
- I forgot my notebook and books at home, can I borrow yours?
- Yeah right if
- Thanks pal

Diálogo 39

Español

- Persona 1: Hola! ¿Cómo estás?
- Persona 2: Muy bien, gracias. ¿Y tú?
- Persona 1: Excelente. Yo estoy bien. ¿Hiciste la tarea anoche?
- Persona 2: Sí. Escribí un ensayo sobre mi familia. Mi familia es muy grande así que podía escribir bastante y llegar al número de palabras. ¿De qué escribiste tú?
- Persona 1: Escribí de mis comidas favoritas. Me gusta mucho comer y por eso escribí mucho. El ensayo era muy largo.
- Persona 2: Sí, eso creo. Por eso estuvo tan difícil.
- Persona 1: Difícil no, simplemente daba flojera hacerlo.
- Persona 2: Sí, exacto. Tienes razón

English

- Person 1: Hello! How are you?
- Person 2: Very good, thank you. And you?
- Person 1: Excellent. I'm fine. Did you do your homework last night?
- Person 2: Yes. I wrote an essay about my family. My family is very big so I could write a lot and get to the number of words. What did you write about?
- Person 1: I wrote about my favorite foods. I really like to eat and that's why I wrote a lot. The essay was very long.
- Person 2: Yes, I think so. That's why it was so difficult.

- <u>Person 1:</u> Difficult no, it was just lazy to do it.
- <u>Person 2</u>: Yes, exactly. You're right

Diálogo 40

Español

- ¿Qué tal, Matías? ¿Cómo te va de vacaciones?
- Hola, Oriana. ¿Cuáles vacaciones?
- Muy bien. Estoy tomando cursos intensivos de Inglés, y tú qué tal?
- Eres muy aplicado. Yo también aprendo un idioma extranjero pero aprendo por mi cuenta.
- ¿Y no es más difícil sin ayuda de un profesional?
- Más o menos. Ya sabes que es parecido que hay entre el español y al italiano.
- Sí, tienes razón
- ¿Cuéntame cómo van tus estudios? Muy bien, es difícil pero todo marcha bien
- Me alegro mucho por ti. Tu eres la persona más inteligente que conozco, sé que te ira bien
- Eso espero. ¡Gracias!
- Buenos, hasta luego.
- Adiós, nos vemos pronto.

English

- How about Matias? How's your vacation going?
- Hi Oriana. What vacation?
- Very well. I'm taking intensive English courses, how about you?

- You are very applied. I also learn a foreign language but I learn on my own.
- And isn't it more difficult without the help of a professional?
- More or less. You already know that it is similar between Spanish and Italian.
- If you're right
- Tell me how your studies are going? Very good, it's difficult but everything is going well
- I'm glad for you. You are the smartest person I know, I know you will do well
- I hope so. Thank you!
- Good, see you later.
- Bye see you son

Diálogo 41

Español

- Hola
- Hola, ¿eres nuevo no?
- Sí, creo que todos lo saben, he entrado algo tarde y ya todos deben conocerse bien
- No bien, pero sí conocemos nuestras caras y nombres, ¿cómo es el tuyo?
- Mary ¿y tú?
- Christina, es un gusto
- El gusto es mío. Cuéntame ¿qué me he perdido hasta ahora?
- La primera clase nos presentamos y el profesor explico de que trataba esta clase en general
- Luego de eso hemos visto 2 clases y la próxima semana tenemos un examen
- Ah, ya veo...
- Puedo ayudarte si quieres, puedo darte mis apuntes y explicarte además
- ¿En serio harías eso por mí?
- Sí, claro que sí, no hay problema yo estoy encantada de ayudar
- Eso sería genial, gracias

English

- Hi
- Hello, are you new right?

- Yes, I think everyone knows, I came in a little late and everyone should know each other well
- Not good, but if we know our faces and names, how is yours?
- Mary, and you?
- Christina, it's a pleasure
- My pleasure. Tell me what have I missed so far?
- The first class we introduced ourselves and the teacher explained what this class was about in general
- After that we have seen 2 classes and next week we have an exam
- Oh I see...
- I can help you if you want, I can give you my notes and explain
- Would you really do that for me?
- Yes, of course, no problem, I am happy to help
- That would be great, thanks

Conclusión

Lo que se mostró en este libro es la manera más simple para que aprendas ingles si tu objetivo es alcanzar cierto nivel de dominio de la conversación coloquial, especialmente si es para un encargo laboral, este libro puede ser todo lo que necesitas para empezar a dominar las conversaciones. Debes cuídate de albergar ambiciones muy grandes. Si quieres dominar el idioma en un mes, es probable que te sientas decepcionado.

Te recomendamos que comiences a hablar con personas que hablan inglés. Las 2001 frases que salen en este libro y la gran lista de vocabulario son suficiente para que inicies una conversación. Recuerda que el éxito está en la constancia y en la práctica.

A medida que vas aprendiendo vocabulario y frases asegúrate de consumir contenido en inglés. Otro método muy efectivo es aprender por medio de podcast o audiolibros con historias de diversos temas en diferentes tiempos verbales.

La conclusión es muy obvia: ¡tienes que repetir las palabras y frases! Usa las palabras en tus conversaciones cotidianas, invéntate historias usando las palabras que has aprendido aquí, practica hablando en voz alta contigo mismo. Si, habla contigo mismo. De otra manera, el tiempo que hayas gastado para aprender las palabras, no habrá servido de nada.

CPSIA information can be obtained
at www.ICGtesting.com
Printed in the USA
BVHW062034020321
601494BV00010B/722